0歳から遊べる

だいすき!
手遊び
指遊び

斎藤二三子●著

すずき出版

みんなで手遊びを楽しみましょう！

手は、最良の友だち、いつでも、どこでも遊べる最良の友だちです。心がはずみ、ことばがはずむ手遊びは、昔から子どもたちのまわりにたくさんあり、大好きな遊びのひとつでした。しかし、最近では、子どもと関わる保育者や親の世代が、「心とことばを育てていく遊び」を忘れ、保育や育児の現場に伝わる手遊びは数少なくなってしまったのが現状です。

「もっとみんなで手遊びを楽しみましょう！」…その思いから本書は生まれました。

この本では、筆者が伝承遊びを、現代のことば、あるいは子どもの発達や目的に合わせ、「古くて新しい遊び」にアレンジして紹介しています。さらに、幼児教育研究家として30数年、子どもたちと遊びながら、時には子どもたちが自らの発想で発したことばやリズムを取り入れ、また子どもが置かれている環境、季節、行事に合わせ、新たに作ったオリジナルの遊びをご紹介しています。

「ね！ あそぼう」と、大人も、子どもといっしょに楽しみましょう！

手遊びを楽しむ6つのポイント

ポイント1　子どもの経験や興味に合わせて遊んでいきましょう

この本では春夏秋冬の環境や、子どもたちの年齢発達に合わせて遊びを紹介しています。日々の経験や環境に合わせて、諸々の能力を育てながら遊んでいきましょう。

ポイント2　ふれ合い遊びで心を育てましょう

子どもは身近にいる大人や友だちとコミュニケーションをはかるのが大好き。

そっと、時にはギュッと手を握ってふれ合いましょう。くすぐり遊びは、ハートがぽっかぽかになりますね。楽しく遊びながら心を育てていきましょう。

ポイント3　音やリズムを楽しませ、ことばを育てていきましょう

大好きな人たちと心のふれ合いをしながらことばのリズムを楽しむことで、身近なことばが育ちます。ひとつひとつの手遊びをしながら、音やリズム、ことばのおもしろさを楽しみ、心とことばを豊かにしていきましょう。

ポイント４　目的にあったものを選びましょう

保育者は子どもを集中させたい時に、手遊びをしていることがよくあります。もちろん、子どもたちにとって大好きな手遊びですから、興味を持って遊んでくれますが、これから静かにお話を聞かせてあげたいと思う時、また、ドキドキワクワクするようなお話の前など、状況に応じてそれぞれの目的に合った手遊びをしましょう。

ポイント５　かえ歌遊びで創造力を育てましょう

楽しく遊んでいる時、「つぎはなににしようかな？」「どんなふうにしようかな？」と創造力を働かせる子どもたちは、かえ歌遊びが大好きです。
手の形から、ことばのイメージから「○○じゃなくて△△がいいな」「こんどはちがうたべものにしよう」などと歌詞を創作し、新しい動作に挑戦していきます。このような時、ことばのしくみに気づくようになり、言語感覚が育っていきます。

ポイント６　運動機能の発達に合わせた動きの工夫を

「乳児の手遊び、幼児の手遊びは、個々の発達に応じたものがよいのでは？」という質問を受けることがあります。たしかに、子どもひとりひとりの指１本１本の機能はまちまちです。でも同じ遊びで大丈夫。発達や年齢に応じて、動作を変え、速度を変えて遊んでみましょう。
従来から親しまれている伝承遊びや、わらべうたの中には、子どもの運動能力にそぐわないものや、やさしすぎて物足りないなと感じるものがありますね。そんな時、乳児を膝の上に抱き、動作やことばのリズムをゆっくり、はっきりとうたってあげ、「左右交互に行う動き」を「左右同時」に行うなどのアレンジをしてみましょう。幼児の場合は、単純な手遊びをみんなで遊ぶゲームに変えるだけで、幅広い年齢で楽しむことができますね。

CONTENTS

※〔CD TRACK1～18〕が、付録のCDに収録されています。

みんなで手遊びを楽しみましょう！ —— 2

＊手遊びを楽しむ６つのポイント

春の章 —— 6

みんなでおはよう〔CD TRACK1〕 —— 8

そっくりね〔CD TRACK2〕 —— 10

きゅきゅキュウリメロンロン〔CD TRACK3〕 —— 12

おかおのかくれんぼ〔CD TRACK4〕 —— 14

ひげじいさん〔CD TRACK5〕 —— 16

なんのはながさいた〔CD TRACK6〕 —— 18

あいうえおりこうさん —— 20

はるですよ　はるですね〔CD TRACK7〕 —— 22

おてらのおしょうさん —— 24

夏の章 —— 25

おほしさまへんしん〔CD TRACK8〕 —— 28

ガッタンゴットンしゃしょうさん〔CD TRACK9〕 —— 30

タコ　タイどっち〔CD TRACK10〕 —— 32

せんたくごっこ〔CD TRACK11〕 —— 34

たまご〔CD TRACK12〕 —— 36

おせんべやけたかな —— 38

あくしゅでおはよう —— 40

５ほんばしシューットン —— 42

カニさんジャンケン —— 44

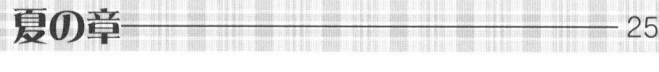

秋の章 46

はっぱのへんしん〔CD TRACK13〕 48
トントンギコギコだいくさん〔CD TRACK14〕 50
かいぐり 52
いとまき 54
どうぶつまねっこ 56
かなづちトントンくぎ１ぽん 58
さつまいもをほろう〔CD TRACK15〕 60
あかちゃんおやすみ 62
どうぶつジャンケン 64

冬の章 66

おもちをどうぞ〔CD TRACK16〕 68
ゆきだるま〔CD TRACK17〕 70
グーチョキパーでなにつくろう 72
だしてひっこめて 74
こどもとこどもがけんかして 76
なぞなぞむし 78
おめでとうかぞえうた〔CD TRACK18〕 80
はらぺこあおむしくんのおさんぽ 82
くだものジャンケン 84

手遊び Q&A 87

さくいん 92

Spring 春の章

保育に生かそう

春、やわらかな温かい日差しを浴びて、長い冬眠から目覚めた動植物たち。

子どもたちも新しい年度を迎え、元気いっぱい〝おはよう！おはよう！〟みんなであいさつができたら、もう大丈夫。

あっちでもこっちでも友だちの輪が広がることうけ合いです。

毎日、幼児組で保育者が楽しくうたって聞かせている〝みんなでおはよう〟その歌声が保育園の赤ちゃんたちの耳に届きました。いつのまにかその歌声に合わせ、１人で両手を広げて踊る姿や、うたえなくても体でリズムをとり、楽しむ姿が見られ、保育者が感激できるのもこの時期。

また、〝つっくり　つくつくつくしさん　土の中からかおだした、春ですよ…〟とうれしい春を感じ取り、それぞれの表現を楽しむこの季節…散歩に行った先でつくしを見つけ、黄色いタンポポやシロツメクサを見つけたり、飛び交う蝶を歓声をあげて追いかけ、「せんせい、はるがあったよ」と伝えてくれる子どもたち。そんな手遊びをしてみませんか？

この季節、園の生活に慣れ、新しい保育者やお友だちとふれ合い、心を通わせられる手遊びは最高です。

保育のいろいろな経験と合わせ、仲よくなれる手遊びをしてみましょう。

みんなでおはよう

■年齢の目安　１歳～

手遊び

CD TRACK 1

○△□の窓から「おはよう！」
だれが顔を出してくれるかな？
丸い窓からコブタさん、三角窓からキツネさん。
四角い窓から顔を見せてくれるのはだれでしょう？　子どもの発想を大切に、いろいろな顔を出して遊びましょう。

保育者と子ども、親子で向かい合って遊びます。

１番　①おは　②よう　おは　よう

①手拍子２回　②両手を顔の横でパッと開く　①②くり返し

③まあるいまどから　おは　よう　④ブウブウ コブタが　⑤おはよう

③両手で頭上に大きな円を作る　①②　④人さし指で鼻先を持ち上げる　３回拍手

２番　③さんかくまどから　おは　よう　④コンコン キツネが　⑤おはよう

③頭上で三角を作る　①②　④キツネの耳を作り、４回振る　３回拍手

３番　③しかくいまどから　おは　よう　④なかよしみんなが　⑤おはよう

③頭上に四角を作る（肘をはる）　①②　④両手を胸の前で交差し、左右に首を振る　３回拍手

FUMIKO'S アドバイス

・乳児は大人の楽しい動きに興味を持ち、動作のまねを楽しみます。リズミカルにうたって表現してあげましょう。
・○△□の窓から顔を出してくれるのは動物にかぎらず、「おひさま」「山」「遊具」など、いろいろなものを想定して遊んでみましょう。また、丸ならアンパンマン、四角はしょくぱんまんなど、子どもたちの大好きなキャラクターに見立てて、ポーズを考えてもいいですね。

こんなとき あんなとき あいさつことばを、昼は「こんにちは」に、お別れの時は「さようなら」にかえてみましょう。

アレンジを楽しみましょう！

・4、5歳児は2人組になって向かい合い、「おはよう」の動作を2回した後、せっせっせのように、両手で手合わせをする動作にかえて遊びましょう。

・「おはよう」の「よう」の振りをかえてみましょう。
（両手を頭にのせる）または（人さし指を頬にあて、片手はパッと広げて微笑む）など。

・窓の形や動物などのペープサートを作って遊んでみましょう。

みんなでおはよう

作詞・作曲　斎藤二三子

元気いっぱい

そっくりね

■年齢の目安　０歳～

お耳が長いウサギさんも、大きなしっぽのリスさんも、みんなと同じ、大好きなお父さんやお母さんにそっくり！
「おんなじだね」と共感しながら、動物の特徴に興味を持たせ、表現遊びを楽しんでいきましょう。

手遊び

CD TRACK 2

保育者と子ども、親子で向かい合って遊びます。

1番　①ウサギさんウサギさん　かわいいね

①７回拍手をする

②おめめがかあさん　そっくりで

②親指と人さし指で輪を作り、両目を囲む（体を左右に振る）

③なーがいおみみも　ほらね

③両手でウサギの耳を作り、手首を４回動かす

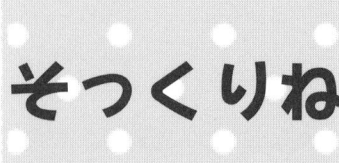

2番　③おおきいしっぽも　ほらね

③両手を糸巻きのようにクルクル巻いて、
「ね」でその手をお尻におく

3番　③かわいいおかおも　ほらね

③両頬をそっと３回さわり、
「ね」でぎゅっと抱きしめる

FUMIKO'S アドバイス

・乳児は抱っこをして、その手を取って遊んであげましょう。

・子どもの発達に合わせ、ゆっくりしたリズムで遊びましょう。
・「かあさん」を「とうさん」や「おばあちゃん」などにかえてもいいですね。

こんなとき あんなとき
・父の日や母の日、敬老の日など、家族を知らせたい時に。
・参観日のふれ合い遊びに。

そっくりね

作詞・作曲　斎藤二三子

かわいらしく

きゅきゅ キュウリ メロンロン

■年齢の目安　1歳～

手遊び

CD TRACK 3

トマトはトントン、リンゴはリンリン…。子どもたちが日々目にし、食している野菜や果物の名前の音を、リズミカルなくり返しことばにしていきます。
ことばの音を楽しみながら、物の名前を知っていく、ことば遊びを楽しみましょう。

1番①キュッキュッキューの　キュウリ

①両手で3回しぼる動作をし、3回拍手

②トントントンの　トマト

②両手のこぶしを3回打ち合わせ、3回拍手

③キャキャキャの　キャベツ

③両手で3回ひっかく動作をし、3回拍手

④コンコンコンの　ダイコン

④右手のこぶしで頭を軽く3回叩き、3回拍手

こんなとき あんなとき

・給食やおやつの時、食べ物の名前を知らせたい時にどうぞ。
・ことば遊びを楽しませたい時にどうぞ。

アレンジを楽しみましょう！

★他の野菜や果物でも遊んでみましょう。
「ニンニンニンのニンジン」「シッシッシのシイタケ」
「プルプルプルのパイナップル」「バッバッバのバナナ」など。
★動物の鳴き声や動作と合わせたかえ歌遊びもしてみましょう。
「キャキャキャのおサル」「ピョンピョンピョンのウサギ」
「ニャニャニャのネコさん」「ニョロニョロニョロのヘビさん」など。

FUMIKO'S アドバイス

・乳児は名前を言えなくてもかまいません。くり返しことばの音を楽しませてあげましょう。
・子どもの発達や、それに合った表現を大切にしましょう。好きな表現で遊べればオッケーです。同じ動作にしなくてもかまいません。

2番　①リンリンリンの　リンゴ

①片手で鈴を３回振る仕草をし、３回拍手

②カンカンカンの　ミカン

②左手に持った鐘をバチで３回叩き、３回拍手

③スイスイスイの　スイカ

③平泳ぎの仕草を３回し、３回拍手

④ロンロンロンの　メロン

④両手を胸で交差させ、右左右と体を３回振り、３回拍手

きゅきゅキュウリ メロンロン

作詞・作曲　斎藤二三子

軽やかに

おかおのかくれんぼ

■年齢の目安　０～２歳

手遊び

CD TRACK 4

「いないいないバァ」が大好きな子どもたち。乳児と遊ぶ時は、保育者が子どもの顔の部位の１つを隠しながら歌います。
ことばの音を感じさせ、顔の部位の名前を知らせながら、楽しくコミュニケーション遊びをしましょう。

乳児は膝に抱っこし、ひとりで座れる場合は向かい合って座ります。

①おかおのかくれんぼ　かっかっかっ

①両手で顔をおおってから「バァ」と開く。２回

②おめめがかくれて　めっめっめっ

②目をおおってから「バァ」と開く。２回

③おはながかくれて　なっなっなっ

③鼻をおおってから「バァ」と開く。２回

④おくちがかくれて　くっくくっくく

④口をおおってから「バァ」と開く。２回

アレンジを楽しみましょう！

★ハンカチ遊び

乳児と遊ぶ時には、ハンカチを使って子どもの顔や頭にかけたり、ぬいぐるみにかけたりして遊んでみましょう。
その場合、ハンカチはフワフワと動かしながらうたってあげましょう。

FUMIKO'S アドバイス

・「いないいないバァ」は、子どもが大好きな遊びのひとつです。
日頃、絵本などを利用したり、物かげから突然顔を出したりするなど、いろいろな時、いろいろな場所で子どもが喜ぶ「いないいないバァ」をしてあげましょう。

⑤みーんなかくれて　いないいないない

⑤顔全体をおおってから「バァ」と開く。2回

⑥いないいないなーいの　ばぁばぁばぁ

⑥4回拍手し、3回両手をキラキラ星のように「パッパッパッ」と振る

こんなとき あんなとき

・保護者の参観日に、親子でどうぞ。
・目、鼻など、顔の部位の名称を知らせたい時にどうぞ。

おかおのかくれんぼ

作詞・作曲　斎藤二三子

はずむように

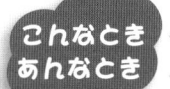

手遊び

CD TRACK 5

ひげじいさん

■年齢の目安　２歳～

古くからたいへん親しまれている遊びです。「とんとんとんとん」とこぶしを合わせ、リズミカルに遊びます。両手のこぶしをひげにしたり、こぶにしたり、または、天狗の高い鼻にイメージして遊びます。手を顔のいろいろな場所に置いて遊びましょう。

①とんとんとんとん　　ひげじいさん

①両手のこぶしを交互に上下して４回打ち、「ひげじいさん」で両手のこぶしをあごの下にあてる

②とんとんとんとん　　こぶじいさん

② ①と同じにしてから、「こぶじいさん」で両手のこぶしを両頬にあてる

③とんとんとんとん　　てんぐさん

③ ①と同じにしてから、「てんぐさん」で両手のこぶしを鼻にあてる

④とんとんとんとん　　めがねさん

④ ①と同じにしてから、「めがねさん」で人さし指と親指でめがねを作り、目にあてる

アレンジを楽しみましょう！

★変身遊び…こぶしだけでなく、手指の形を工夫して、いろいろな表現を楽しみましょう。

【例】　ひげ　(あごの下だけでなく、鼻の下、あごのまわりに作る　など)

こぶ　(片手のこぶしをおでこ、頭、お尻など、いろいろな場所にあてる　など)

天狗の鼻（片手で子どもの鼻、両手でもっと長い鼻　など)

リボン（両手を広げ頭に置く)

鬼のツノ（両手の人さし指を立て、頭にあてる　など)

※その他、正義の味方や、大好きなアニメのキャラクターのポーズをとるのも楽しいですね。

FUMIKO'S アドバイス

・手遊びをする前に、おじいさんや天狗さんが出てくるお話を聞かせてあげて、子どもたちに、どんな風にイメージしたか、聞いてみましょう。
・子どもたちが持つ、おじいさんのひげのイメージは様々のはずです。子どもの発想を大切にしながら遊んでいきましょう。

⑤とんとんとんとん　てはうえに

⑤ ①と同じにしてから、両手を頭上にあげる

⑥ひらひらひらひら　てはおひざ

⑥ひらひらさせながら手をおろし、膝の上に置く

こんなとき あんなとき
・イメージ遊びを楽しみたい時にどうぞ。
・おじいさんや天狗さんのお話を聞かせたい時にどうぞ。

ひげじいさん

作詞者不詳　作曲　玉山英光

ゆったりと

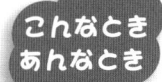

なんのはながさいた

■年齢の目安　０歳～

手遊び

CD TRACK 6

お散歩に出ると、たくさんの花が目につく春の季節。子どもたちが親しんでいる花をイメージしながら、たくさんの花を咲かせて遊んでみましょう。
手遊びをした後、なんの花が好きか、子どもに聞いてあげましょう。

①ぽかぽかはるに

①両手を上からキラキラ動かしながらおろす

②なりました

②胸の前で両手を交差し、首を左右に２回振る

③おにわにたねを　まきましょう

③両手の親指と人さし指で種をつまむようにして、左右交互に種をまく仕草をする

④ぐんぐんのびて　おおきくなって

④てのひらを合わせ、その手を胸の前から頭上に持ちあげる

アレンジを楽しみましょう！

★ハンカチをお庭や花に見立てたハンカチ遊びとして遊んでみましょう。
♪ぽかぽかはるになりました（ハンカチを広げる）
♪おにわにたねをまきましょう（ハンカチの上に種をまく仕草をする）
♪ぐんぐんのびておおきくなって（ハンカチの真ん中をつまみ持ちあげる）
♪きれいなはながさきました パッ（反対の手でハンカチの真ん中を握り、花の形にする）
「なんの花が咲いたかな？」と聞いてあげましょう。

FUMIKO'S アドバイス

・乳児には保育者が演じて見せてあげましょう。
その場合、最後の「なんの花が咲いたかな？」と聞く部分は「ヒマワリの花が咲きました」のように、セリフをかえて遊びましょう。

ここで
「なんのはな？」と
聞いてあげましょう。

⑤きれいなはながさきました

⑥パッ

⑤両手を上からキラキラ動かしながらおろす

⑥両手首をつけたまま、両手で花の形を作る

こんなとき あんなとき
・園庭や園外の散歩に行って、お花を見てきた時にいかが。
・お花の絵本に興味を持った時にいかが。

なんのはながさいた

作詞・作曲　斎藤二三子

優しい気持ちで

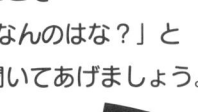

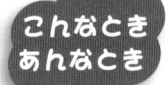

あいうえ おりこうさん

指遊び

■年齢の目安　0歳～

先生やお友だちと、または親子で遊びましょう。大好きな人といっしょに楽しみたい、ふれ合い遊びです。
ことばのはじめにつく音（頭音）に気づき、50 音の音に親しめます。たくさんのことばを探す遊びにも発展させましょう。

2 人組で遊びます。最初、保育者が子どもの手首を両手で軽く握ります。
そして「あ・い・う・え・お」と言いながら、親指を交互に動かして登っていき、肘に着いた時の音が頭音になることばを言います。

例
「あ」は「あまえんぼう」
「い」は「いたずらっこ」
「う」は「うっかりやさん」
「え」は「えらいひと」
「お」は「おりこうさん」

※「あいうえお」でまだ肘にとどかなかったら、くり返して唱えます。

こんなとき
あんなとき

・降園時のスキンシップにどうぞ。
・「あいうえお」などの音や、ことばに興味を持たせてあげたい時にどうぞ。

アレンジを楽しみましょう！

★他の50音でも遊んでみましょう。
【例】カ行　　か（かわいい子、カメ、カラス　など）

★「あいうえお」のかわりに、子どもが好きなお話の登場人物やキャラクター、たとえば「しらゆきひめ」「ももたろう」などで遊んでみましょう。
音節を分解しながら、その頭音のつくことばをみんなで決めたり、自分で言うようにするのもいいですね。

例「しらゆきひめ」の　（し）シカ
（ら）ラッコ
（ゆ）ゆめ
（き）キリン
（ひ）ヒマワリ
（め）メロン　　など

(注) (ん) の場合は一つ前の音と合わせるなど、ルールを決めましょう。
「シンデレラ」（ン）→シン（新幹線）など。

FUMIKO'S アドバイス

・慣れてきたら「あいうえお」がつく、ことば探しに発展させてみましょう。
あ（アイスクリーム、あり、あかちゃん、アサガオ　など）
い（イヌ、いす、イカ、いし、イルカ　など）
う（うきわ、ウサギ、うた、ウシ　など）
え（えがお、えんぴつ、エビ、えき　など）
お（おまわりさん、おに、おりがみ　など）

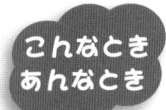

はるですよ はるですね

■年齢の目安　２歳～

手遊び

CD TRACK 7

やわらかな日の光がさしてきたら春の訪れ！土の中の動植物たちも、春を待ちこがれていたことを、子どもたちに伝えてあげましょう。園外保育の時、また絵本などで、たくさん春を見つけ、気づかせて、それぞれの表現を十分楽しませてあげましょう。

1番　①つっくり　つくつく　つくしさん　　②つちのなかから

①両手の人さし指を立てて、４回上下する

②右手のこぶしを左手で包み、次に右手で包み直す

③かおだし　た　　④はるですよ　　⑤はるですね

③両手で顔をかくし、「バァ」と両方に開く

④４回拍手

⑤手を顔の横にして、顔を左右に振る

2番　⑥もっくり　もぐもぐ　モグラさん　　⑦つちのなかから　かおだした

⑥顔を左右に振りながら右手のこぶしを左手で包み、右手で包み直す。「モグラさん」で両手の３本指を頬にあてる

×２

⑦両手の３本指で目隠しをし、「いないいないバァ」のように２回くり返す

3番　⑧はるですよ　　⑨はるですね

⑧４回拍手

⑨３本指を３回動かす

アレンジを楽しみましょう！

・歌詞を他の動植物にかえ、表現も子どもの発想を大切にして遊びましょう。
【例】花（チューリップ、スミレ、タンポポなど） 虫（チョウ、青虫、あり、だんご虫など）
・春探し探検ごっこ…園庭や園外保育で春を見つける競争をして遊びましょう。
・乳児には保育者がうたい、リズムを楽しませてあげましょう。

3番 ⑩むっくり むくむく クマさん が ⑪あなのなかから

⑩両手で頭の上に丸を作り、体を４回振る

⑪そのまま静止する

⑫かおだし た ⑬はるですよ ⑭はるですね

⑫両手をおろし、「た」で１回拍手

⑬４回拍手

⑭手を顔の横に持っていき、顔を左右に振る

こんなとき あんなとき ・春の生き物にふれた時。進級や入園の喜びを感じた時にどうぞ。

はるですよ　はるですね

作詞・作曲　斎藤二三子

軽快にのびのびと

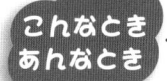

おてらのおしょうさん

ジャンケン遊び

■年齢の目安　０歳～

古くから親しまれている伝承遊び（楽譜参照）にオリジナルの遊び（⑤番以降）を加えました。地域によっていろいろなバリエーションがありますね。
大好きな先生、お友だち、親子でふれ合ってジャンケン遊びをしましょう。

２人組で向かい合って遊びます。

①せっせっせのよいよいよい

①両手をつなぎ、「よいよいよい」で３回上下に振る

②おてらのおしょうさんがかぼちゃのたねをまきました

②１回拍手し、両手を相手と打ち合わせる（10回くり返す）

③めがでて　ふくらんで

③手のひらを合わせてから、ふくらませる

④はながさいたら

④ふくらませた両手を開く

⑤かれちゃって

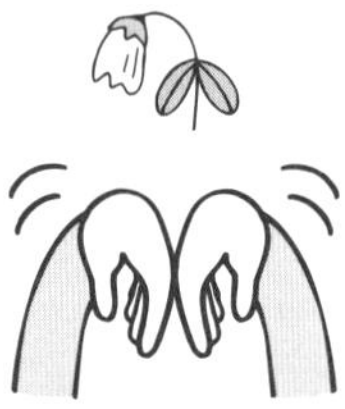

⑤両手の甲を合わせ、下向きにする

⑥にんぽうつかって

⑥右手の人さし指を立て、左手の人さし指を握る

⑦そらとんで

⑦両手で羽ばたく仕草をする

⑧ウサギになって

⑧両手でウサギの耳を作る

⑨パンダになって

⑨両手で丸を作り、目にあてる

⑩コアラになって

⑩相手と抱き合う

⑪ジャンケン　ポン

⑪２回拍手してからジャンケンをする

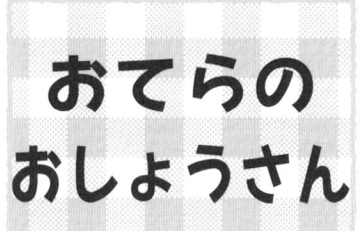

FUMIKO'S アドバイス

・乳児の場合は、手遊びとして保育者がうたい、表現して見せてあげましょう。
・子どもの発達に合わせ、ことばやリズムのスピードを加減して遊びましょう。
・最初は保育者と行い、遊びに慣れてきたら、子ども同士で楽しませましょう。

こんなとき あんなとき

・順番を決める時などのジャンケン遊びとしてどうぞ。
・子どもとスキンシップをしたい時にどうぞ。
・庭に何かの種をまいた時にどうぞ。

アレンジを楽しみましょう！

★ジャンケン勝ち抜き戦にチャレンジ！

1　まず２人組で「おてらのおしょうさん」をして、ジャンケンをする。
2　負けた人はその場にしゃがむか、席に戻って待つ。
3　ジャンケンに勝った人は次の人を見つけ、「おてらの〜」をしてジャンケンをする。
　最後にチャンピオンを決める。

★〈おてらのおしょうさん〉を他のキャラクターにしたり、〈かぼちゃ〉を他の種などにかえて遊んでみましょう。

★「忍法使って空飛んで」の後、いろいろな動作にかえて遊んでみましょう。

【例】
宇宙飛行士になって〜
遊園地に行って〜　　など

おてらのおしょうさん

わらべうた

のどかに

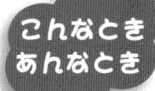

Summer 夏の章

夜空のファンタジー・星に願いを

キラキラ輝く星に、願いをこめて作る七夕飾り。
「せんせい、ぼくはね～『おもちゃのじどうしゃが、ほしい』ってかいたんだよ」と、短冊に自動車の絵を描く男の子。
「あたしは○○みたいなようふくがいいの」と、キャラクターの洋服に思いをこめている女の子。
また、「『おばあちゃんのびょうきがはやくよくなりますように』って書いたんだよ」と、たどたどしいひらがなで書いた年長さん。
どれも優しい夢が広がる夏です。
そして、〝キラキラ～ティンクルティンクル〟とリズムに合わせて踊る、乳児組の大好きな〝おほしさまへんしん〟の手遊び。

また、水遊び最高のこの季節。
「ジャブジャブ、パシャパシャ」と遊びながら、ついでに、泡だらけ、のお洗濯遊び〝せんたくごっこ〟はいかがでしょう。
そして海の生き物に興味を持ったら、魚になって水遊び！
〝タコ　タイどっち〟では、タコやタイになりきって楽しめます。
保育者からの働きかけでいろいろアレンジできる〝カニさんジャンケン〟もおすすめです。保育者や子ども同士で、プールの中でジャンケン勝ち抜きゲームをしてみてください。
みんないっしょに夏を思い切り楽しみましょう。

おほしさまへんしん

■年齢の目安　1歳～

手遊び

CD TRACK 8

キラキラ光るお星さま。そのお星さまが大好きなものに変身してくれたらうれしいな。
宝物がいいかな？　おいしい果物やお菓子もいいですね。
そんな子どもたちの気持ちを大切にしながら、手遊びをしてみましょう。

①おほしさま　キラキラ

①頭の横で両手を7回キラキラさせる

②おそらで　ひかる

②その手をキラキラさせながらおろす

③ティンクル　ティンクル

③胸の前で両手をクルクル回す

④リボンになった　(パッ)

④３回拍手し、親指同士をからませて、（パッ）で頭上にリボンを作る

FUMIKO'S アドバイス

・乳児は「キラキラ」や「ティンクル」のフレーズを楽しんで行うので、リズムをゆっくりにし、その部分だけくり返して楽しませましょう。

・「空でキラキラ光っていたお星さまが、ティンクルティンクルと落ちてきて、さあ、何に変わるかな？」と投げかけて、子どもたちの自由な発想を大切にしながら、いろいろなポーズや擬音を考えていきましょう。
例　「ベルトになった（ポン）」両手を握り、お腹をさわる。
　　「バッジになった（ペタッ）」片手を胸の前に置く。

こんなとき あんなとき
・七夕祭りの時にどうぞ。
・絵本、紙芝居で星に興味関心を持った時にどうぞ。

アレンジを楽しみましょう！

★隊形をかえて遊んでみましょう

【遊び方①】

・2人組になり、向かい合って、手合わせ遊びのように動作をかえてみましょう。

【例】「おほしさまきらきら」の動作をかえる→1回拍手し、相手と3回両手を打ち合わせる。これを2回行います。

・また、変身したものを交互に披露して遊びます。

【遊び方②】

・全員で円陣を作ります。一度みんなで「おほしさまキラキラおそらでひかる」までうたった後、「ティンクルティンクル○○になった」を1人ずつ順番にうたい、「擬音」の部分をみんなでまねをしてくり返します。

【例】リンゴになった「コロン」→みんな：「コロン」と言い、同じ動作をする。

おほしさまへんしん

※CDは変ホ長調です。

作詞・作曲　斎藤二三子

願いをこめて

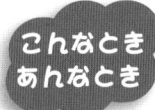

ガッタンゴットンしゃしょうさん

■年齢の目安　3歳～

ガッタンゴットンは何の音？　いろいろな物音は子どものイメージを広げていきます。
ここでは、子どもが大好きな電車や自転車、そして台所の音を表現しました。
身近な物音に興味を持たせながら遊んでみましょう。

手遊び

CD TRACK 9

①ガッタンゴットンゴットントン

①両手を車輪のように前に4回まわす

②ガッタンゴットンゴットントン

②反対まわりで4回まわす

③でんしゃの しゃしょうさん

③帽子をかぶる仕草をする

④はっしゃオーライ

④右手の人さし指で指さしをする

⑤ガッタンゴットントン

⑤①と同じ動作

2番　⑥チリリンチリリンチリリリリン
チリリンチリリンチリリリリン

⑥自転車のハンドルを握る仕草をし、「チリリリリン」で左右に振る

FUMIKO'S アドバイス

・ガッタンゴットンは電車にかぎりません。子どもの音のイメージを大切にし、動作やことばをかえて遊んでみましょう。
・発達に合わせて、やさしい動きにかえて遊んでいきましょう。
・日々の生活の中のできごとや、子どもの経験を話し合い、親しめる動作やことばをみつけて遊んでみましょう。

こんなとき あんなとき

・日々の生活のいろいろな物音に気づかせたい時にどうぞ。
・母の日や父の日など、親の役割や仕事を知らせたい時にどうぞ。

アレンジを楽しみましょう！

★２人組で向き合いジャンケンをし、勝った人（A）が①の動作を、負けた人（B）が②の動作をする。以下、③を（A）、④を（B）と交互に行って遊ぶ。

★身のまわりのいろいろな物音を探して、ことば遊びをしてみましょう。
【例】「ブーブーブー」→自動車・ブタ　「ザアザアザア」→雨の音
「ガチャガチャ」→おもちゃ・食器の片づけ　など

⑦おうちのパパが　⑧おでかけで　⑨チリリンチリリンリン

⑦両手でガッツポーズ

⑧手を振る

⑨ハンドルを握ってから左右に振る

３番⑩ジャブジャブジャブジャブジャーブジャブ
ジャブジャブジャブジャブジャーブジャブ　⑪おうちのママが おかたづけで　⑬ジャブジャブジャーブジャブ

⑩茶碗などをスポンジで洗っている仕草

⑪４回拍手

⑫⑩と同じ

ガッタンゴットンしゃしょうさん

作詞　斎藤二三子　作曲者不詳

タコ タイ どっち

■年齢の目安　2歳～

同じ頭音のことば「タコ」と「タイ」の表現遊びを楽しみます。
「タ、タ、タ、タ…」の後に「タコ」と言われたらタコの表現をし、「タイ」と言われたらタイの表現をして遊びます。正しい発音を聞き取らせていきましょう。

手遊び

CD TRACK 10

保育者がリーダーになり「タコ」か「タイ」かを言います。

①タコかな — ①体をタコのようにくねらせながら両手を体の横でゆらす
②タイかな — ②右手を体の前、左手を後ろにして魚のヒレのようにゆらす
③はてはてどっちかな — ③8回手拍子をする

リーダー▶タ・タ・タ・タ～

タコ → タコ タコ タコ タコ／タコのポーズをする
タイ → タイ タイ タイ タイ／タイのポーズをする
タマゴ → ブブーッ　はずれ！　両手で×を作る

こんなとき あんなとき
・海の生き物に興味を持たせたい時にどうぞ。
・正しい発音に気づかせたい時にどうぞ。

FUMIKO'S アドバイス

・事前に海の生き物が出てくる絵本や図鑑に親しんでおくとよいでしょう。
・最初はゆっくり行い、音をしっかり聞き取り、発音できるようにしましょう。
・慣れてきたら「タヌキ」「タマゴ」など、はずれの表現を入れてみましょう。
・表現は子どもの発想を大切にし、必ずしも同じ動作でなくてもかまいません。
・「カイ」「カニ」など、同じ頭音の他の海の生き物でも遊んでみましょう。

アレンジを楽しみましょう！

★ゲーム遊び

①２人組になり向かい合って立ち、どちらがタコかタイかを決める。
②「タコかな」→タコの人がタコのポーズをとる。
③「タイかな」→タイの人がタイのポーズをとる。
④「はてはてどっちかな」→２人とも８回拍手をする。
⑤「タ・タ・タ・タ～」→お互いの手をはさむように
交互におき、じっとリーダーのことばを待つ。
⑥「タイ」→タイの人はタコの手をはさみ、
タコの人ははさまれないように手を引っこめる。
「タコ」→タコの人はタイの手をはさみ、
タイの人は、はさまれないように手を引っこめる。

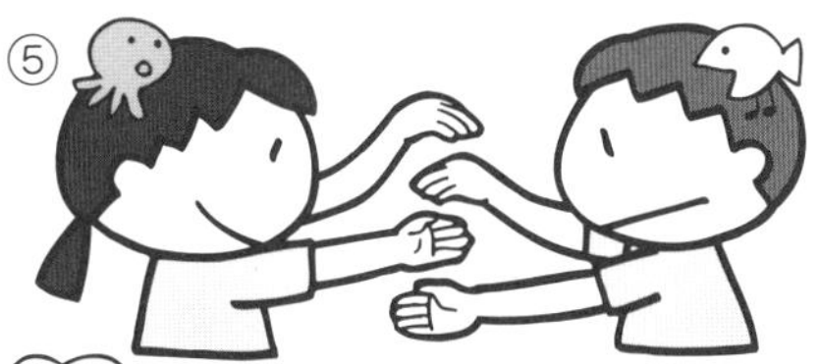

★手遊びだけでなく、体を十分に動かす表現遊びとして遊んでみましょう。
★発達に合わせ、２人組、または２チームに分かれるなど隊形をかえて遊んでみましょう。
★サ行の発音が苦手な子どもがいたら、「サル」と「サイ」で遊んでみましょう。「タ」と「サ」の違いに気づき、発音の練習にもなります。

タコ　タイ　どっち

作詞・作曲　斎藤二三子

せんたくごっこ

手遊び

CD TRACK 11

■年齢の目安　4歳～

お洗濯といえば、子どもたちにはグルグル回る洗濯機。そこで洗濯機になって手遊びをしてみましょう。
「何を洗おうかな？」と、子どもの身のまわりにある物をイメージして遊んでみましょう。
回るところをくり返してうたうと楽しいです。

A、B、2人組で向かい合って遊びます。

1番　①せんたくきが　まわります

①8回拍手をする

②グルグルグルグルカチッ グルグルグルグルカチッ

②両手をつなぎ、AがBの右手、左手と交互にひっぱる。これを2回くり返し、「カチッ」でとめる

③グルグルグルグルカチッ グルグルグルグルカチッ

③同じ動作をBが行う

④あらたいへん　あわだらけ

④自分の頭の泡を払いのけるような仕草をする

アレンジを楽しみましょう！

★洗濯ごっこの表現遊び（5～6人で）

1人は洗濯物になって、まん中に。他の子は手をつないで輪になり、洗濯機になります。
♪せんたくきがまわります（手をつないで4回振る）
♪グルグルグルグルカチッ　グルグルグルグルカチッ
（右に5回まわり「カチッ」で止まり、左に5回まわり「カチッ」で止まる）
♪あらたいへんあわだらけ（洗濯物になっている子の頭を、みんなでそっとさわる）
※あらかじめ洗濯物の絵カードなどを用意しておくとよいでしょう。

FUMIKO'S アドバイス

・身のまわりから、洗濯できる物を考えて、イメージしながら遊びましょう。
・実際に洗濯ごっこをして遊びましょう。
水遊びの後やシャボン玉遊びなどの後に、ハンカチ、人形の洋服、洗えるおもちゃなどをタライなどで洗って遊びましょう。

こんなとき あんなとき
・水遊びを経験している時にどうぞ。
・洗濯物に興味を持たせたい時にどうぞ。

2番　⑤おみずをいれてすすぎましょ

⑤両手を外側に開き、外から中に水を入れるような仕草をする

⑥グルグルグルグルカチッ　グルグルグルグルカチッ

⑥１番の②と同じ

⑦グルグルグルグルカチッ グルグルグルグルカチッ

⑦１番の③と同じ

⑧ほら　きれいになりました

⑧５回拍手をし、「た」で両手を開く

せんたくごっこ

※ CD はホ長調です。　　作詞・作曲　斎藤二三子

手遊び

CD TRACK 12

たまご

■年齢の目安　２歳～

パチンと割れたたまごの中から、何が現れるのかな？　可愛いヒヨコの他に、いろいろなものが現れたら楽しいですね。
ヒヨコの仕草で楽しんだ後は、色や形のイメージを自由にふくらませて、たまごの中身を好きなものにかえて遊びましょう。

①まるいたまごが

①両手のひらを合わせてふくらませ、体を左右に振る

②パチンとわれて

②指先だけパッと開く

③なかからヒヨコが

③両手を胸の前に広げ、体を左右に振る

④ピヨ　ピヨ　ピヨ

④両手でクチバシを作り、３回開閉させる

⑤まあかわいい

⑤両手を開き、顔の横で振りながら体を縮める

⑥ピヨ　ピヨ　ピヨ

⑥体をのばし、左右に首を振る

FUMIKO'S アドバイス

・動作は子どもの発達に合わせて、かえていきましょう。

・「こんなたまごがあったらいいね」と投げかけて、子どもの想像力をふくらませましょう。「たまごの中から出てくるのは何かな？」と聞きながら、イメージをふくらませたかえ歌でアレンジしていきましょう。

【例】♪あかいたまごが　パチンとわれて
♪なかから　リンゴがコロコロコロ
♪まあおいしそう　コロコロコロ　など

こんなとき あんなとき
・たまごのお話に興味を持たせたい時にどうぞ。
・イメージ遊びを楽しませてあげたい時にどうぞ。

アレンジを楽しみましょう！

★ペープサート遊びをしてみましょう！

●ペープサートの作り方●

（材料）卵形の厚紙２枚（Ａ・Ｂ／Ｂは少し小さめ）／割り箸またはそれにかわる棒１本／
Ａ と Ｂ を止める割りピン

①

Ａの卵のまん中をヒビ状に切る。

②

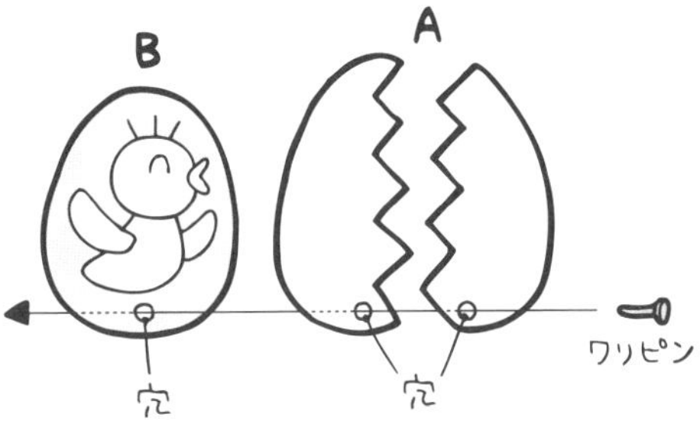

Ｂの表にヒヨコ（または他の絵）を描き、
Ａと重ねて割りピンで止める。

③

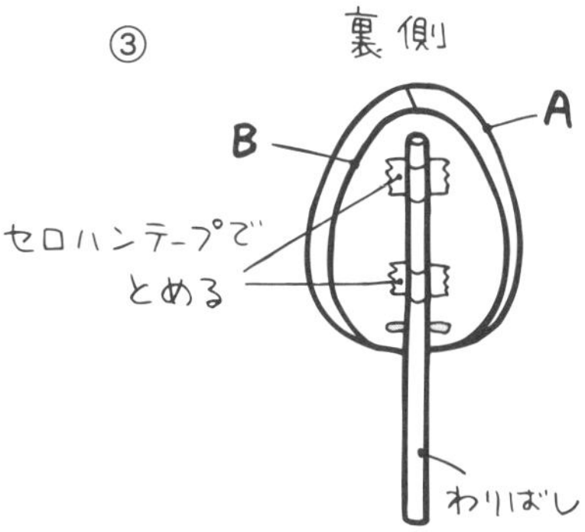

Ｂの裏に割り箸を止める。

④

Ａの卵を左右に開いて使う。

割れた卵の後ろから、ヒヨコだけでなく子どもが大好きな食べ物や、怪獣、キャラクターなどを登場させます。子どもが「こんなたまごがあったらいいな」とイメージしたもので、ペープサートを作って演じてあげましょう。

たまご

作詞・作曲者不詳

優しい気持ちで

おせんべ やけたかな

■年齢の目安　１歳～

手遊び

手をおせんべいに見立ててのふれ合い遊びです。トントントンと手の平を軽く叩きながら、「カリカリ、パリパリ、ムシャムシャ」など、焼けたおせんべいを食べる時のくり返しことばや、リズムを楽しませてあげましょう。

大人が、子どもの片方の手のひらを上にして、そっと持ちます。

①おせんべやけたかな　（子ども）まーだまだ　　おせんべやけたかな　（子ども）まーだまだ

まーだ
まだ

①人さし指で子どもの手のひらをトントンと９回打つ。子どもが「まーだまだ」と言ったら「おせんべやけたかな」をくり返す

（子ども）もうやけた　　②おしょうゆつけて　のりつけて　はいどうぞ

もう
やけた！

はい
どうぞ！
パリ
パリ
ポリ
ポリ

②その手を持って、子どもの口もとに持っていきます。「パリパリパリ、ポリポリポリ、カリカリ、バリバリ」などのことばをそえて遊びましょう

FUMIKO'S アドバイス

・乳児の場合は膝に抱き、保育者がうたってリズミカルに行いましょう。
・発達に合わせ、掛け合いを楽しませます。パリパリなどの擬音は、子どもに考えさせてあげましょう。

こんなとき あんなとき
・おせんべいのおやつの前にどうぞ。
・子どもとスキンシップを取りたい時にどうぞ。
・食べ物に興味を持たせたい時にどうぞ。

アレンジを楽しみましょう！

★2人組で遊びましょう。
①幼児は2人組で向き合い、ジャンケンで負けたほうがおせんべい役になり、勝ったほうはおせんべいを焼く役になります。
②「おせんべやけたかな」と言いながら手のひらを指でくすぐる。
③1回行うたびに手の平→手の甲→手の平とひっくり返していく。
④おせんべい役が「もうやけた」と言ったら、「はいどうぞ」と口もとに持っていく。
⑤おせんべい役の子は「バリバリ」などの擬音を考えて、食べる仕草をする。

★他の食べ物でも遊んでみましょう。
「ケーキ」「おいも」「ラーメン」など、他の食べ物にかえて遊んでみましょう。

ケーキ　パクパクパク
おいも　ホクホクホッ
ラーメン　つるつるつる

おせんべやけたかな

ゆったりと　　　　　　　　　　　　　　　　わらべうた

おせんべ やけたかな （まーだまだ）
おせんべ やけたかな （まーだまだ）
おせんべ やけたかな （もうやけた）

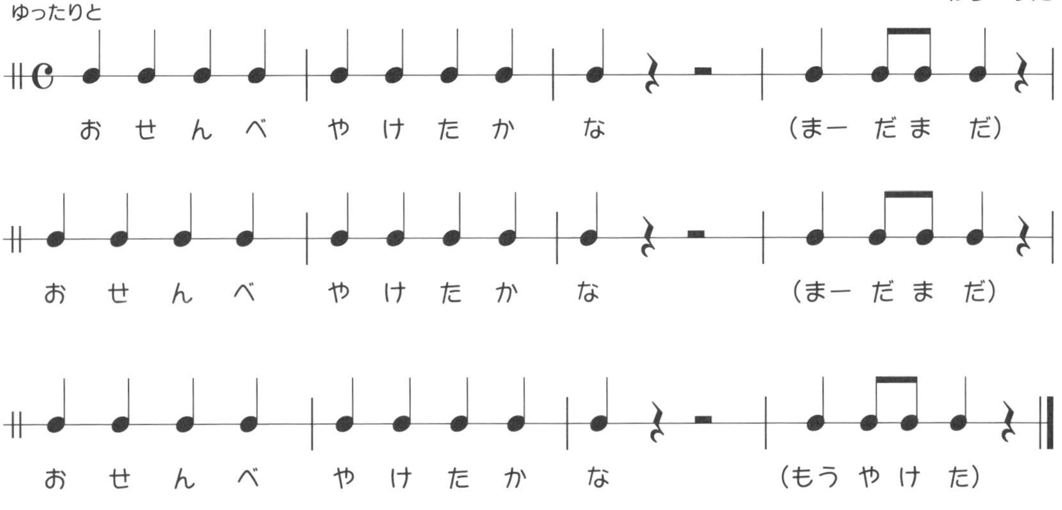

あくしゅで おはよう

指遊び

■年齢の目安　３歳～

「おはよう」「こんにちは」「さようなら」など、日頃使っているあいさつことばは、たくさんありますね。
楽しくうたいながら、やがてそれらのことばの意味に気づき、自然にあいさつができるようになるといいですね。

２人組で向かい合い、右手の親指から小指を順番に使って、かえ歌（右ページ上）をうたいながら、遊びます。

①てくてくてくてく　あるいてきて

①親指を振りながら、背中に回した手を前に持ってくる

②あくしゅで　おはよう

②親指を２回折って、相手とあいさつをする

③げんきであそぼうね

③お互いの親指と親指を打ち合わせる

④じゃあね　バイバイ

④親指を振りながら、背中に回す

FUMIKO'S アドバイス

・発達によっては、指を１本ずつ立てるのはむずかしい場合があります。そのような時は、一度手を握らせてから、目的の指を１本持ちあげてあげましょう。
・２人組がむずかしい場合は、「アレンジ」の１人手遊びで遊びましょう。

こんなとき あんなとき

・あいさつことばが苦手な子どもたちに知らせたい時にどうぞ。
・指の名前を知らせたい時にどうぞ。
・いろいろなあいさつことばの確認をしたい時にどうぞ。

【かえ歌】あくしゅでおはよう

(親指) てくてくてくてく　あるいてきて　あくしゅで　おはよう　げんきであそぼうね　じゃあねバイバイ

(人さし指) てくてくてくてく　あるいてきて　あくしゅで　こんにちは　ごきげんいかが　じゃあねバイバイ

(中指) てくてくてくてく　あるいてきて　あくしゅで　ごめんなさい　なかよくしようね　じゃあねバイバイ

(薬指) てくてくてくてく　あるいてきて　あくしゅで　ありがとう　どういたしまして　じゃあねバイバイ

(小指) てくてくてくてく　あるいてきて　あくしゅで　さようなら　またあそぼうね　じゃあねバイバイ

最後に小指でゆびきりげんまんをする。

アレンジを楽しみましょう！

★1人手遊びをしましょう。

自分の右手の指と、左手の指を、向かい合わせながら遊びます。

★乳児用の指人形遊びをしましょう。

片手に指人形をはめて、保育者が子どもに演じてみせてあげます。

「あくしゅでおはよう」の部分を「〇〇ちゃんおはよう」のようにかえましょう。

あくしゅでこんにちは

作詞　まど・みちお　作曲　渡辺茂

歩くテンポで

5ほんばしシューットン

■年齢の目安　0歳～

指遊び

指を１本ずつ増やしていきながら、１から５までの数を知らせていくふれ合い遊びです。「シューットン」という、くり返しリズムを楽しませながら遊んでいきましょう。

２人組になり、１人が相手の片手を自分の手の上にのせます。

①いっぽんばし

①人さし指を１本立てて

②こちょこちょ

②人さし指でくすぐる

③にほんばし

③２本指を立てて

④つねって

④２本指でつねる

⑤さんぼんばし

⑤３本指を立てて

⑥ひっかいて

⑥３本指でひっかく

⑦よんほんばし

⑦４本指を立てて

⑧ひっぱって

⑧手のひらをそっと引っぱる

FUMIKO'S アドバイス

・乳児は抱っこして、数にこだわらないでスキンシップ遊びとして行い、「シューットン」の音とリズムを楽しませてあげましょう。
・最初は保育者が演じてあげ、幼児は発達に合わせ、子ども同士で遊べるようにしましょう。
・ジャンケンで勝敗を決め、勝ったほうが仕掛ける役をするなど、子ども同士のゲーム遊びとして取り入れてみましょう。

アレンジを楽しみましょう！

★子どもの発想を大切にしながら、くり返しことばをアレンジして遊んでみましょう。

【例】

いっぽんばし　トントントン
にほんばし　シュシュシュ
さんぼんばし　ポリポリポリ
よんほんばし　カリカリカリ
ごほんばし　ガリガリガリ
など

⑨ごほんばし　⑩たたいて　⑪かいだんのぼって　シューットン

⑨５本指を全部見せて

⑩手のひらをかるく４回叩く

⑪人さし指と中指で肘まで登り、「シューッ」でおりて「トン」で手のひらを軽く叩く（３、４回くり返す）

⑫かいだんのぼって　コチョコチョコチョ

⑫もう一度ゆっくり登り、急いで脇の下をくすぐる

こんなとき あんなとき
・スキンシップ遊びをしてあげたい時にどうぞ。
・１から５までの数を知らせたい時にどうぞ。

カニさんジャンケン

ジャンケン遊び

■年齢の目安　２歳～

カニは子どもたちが大好きな海の生き物。
このカニをグーチョキパーの形に見立てて遊びます。グーは目、チョキはハサミ、パーは元気なカニの口から出る泡です。
リズムにのせて軽やかにジャンケン遊びを楽しみましょう。

２人組で向かい合って遊びます。

①グルグルおめめのカニさんが

①両手でグーを作り、手首をグルグル８回動かす

②チョキチョキはさみをふりあげて

②両手でチョキを作り、交互に４回振りあげる

③ブクブク

③泡を作るように両手で２回ニギニギする

④パッパッ

①泡を払いのけるように２回パッパッと手を広げる

⑤ジャンケンポン

②２回拍手してから、相手とジャンケンをする

FUMIKO'S アドバイス

・乳児にはゆっくりとしたリズムで、手遊びとして楽しませてあげましょう。
・幼児の場合は、幼児語「おめめ」を「目玉」にかえて遊んでください。

アレンジを楽しみましょう！

★保育者１人対子どもたちなど、隊形をかえて遊んでみましょう。
★勝ち抜き戦にしても楽しいです。

チョキ
チョキ
はさみを
ふりあげて♪

★他の海の生き物で遊んでみましょう。

【例】

グルグルおめめの　ヤドカリさん
チョキチョキハサミを　ふりあげて
おすなを　パッパ
ジャンケンポン　　　(動作はカニと同じでもかまいません)

こんなとき あんなとき
・夏のプール遊びの時にどうぞ。
・絵本や図鑑でカニに興味を持った時にどうぞ。

カニさんジャンケン

作詞・リズム　斎藤二三子

おちゃめに
グルグルおめめの カニさんが
チョキチョキはさみを ふりあげて
ブクブクパッパッ ジャンケンポン

Autumn 秋の章

知恵が大きくふくらむ

実りの秋、子どもの様々な知恵も、実りの秋です。
たくさんの遊びを通しての経験が総合され、たくさんの知恵が育っていくこの時期です。
子どもたちは遊びの天才。何でも遊び道具にしてしまいます。
いろいろな色に変身した落ち葉を集めて、〝あかいはっぱ～きいろいはっぱ〟とうたい出します。いろいろな色にも興味を持って、色の名前も覚えていきます。
ときには、「せんせいこのはっぱ○○みたいだね」と〝はっぱのへんしん〟の手遊びをきっかけに、イメージを広げていく子どもたち。

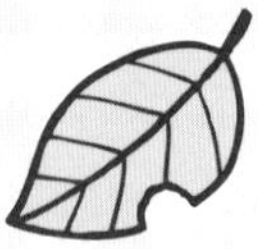

また、〝トントンギコギコだいくさん〟の手遊びで、木でできている物に気づき、身のまわりから、木でできている物を見つけていく姿も見られます。「ぼくね～、おおきくなったらだいくさんになるんだ」と、おおはりきり。
様々な手遊びで、ものの見方や考え方が育ち、語彙が豊かになっていくのもこの時期です。
また、友だち関係もより複雑になり、大勢で共感し合いながら遊ぶゲーム遊びも、盛んになっていきます。そのような時、ジャンケン遊びや手遊びも、いろいろなゲームにアレンジして遊んでみましょう。

手遊び

CD
TRACK
13

はっぱのへんしん

■年齢の目安　３歳〜

赤、黄、茶色と葉っぱが色づく季節。「この葉っぱ〇〇みたいだね〜」と、落ち葉の色や形からいろいろなものをイメージする子どもたちです。リンゴにバナナ、そしてスイカ？！さて次は何に変わるかな。手遊びをしながらイメージを広げて遊んでみましょう。

本物の葉っぱをいろいろな物に見立てて遊びます。

①あかいはっぱが　かぜにまった

①赤い葉っぱを両手に持って上にあげ、左右に振る

②ヒラヒラヒラヒラ

②ヒラヒラさせながら両脇におろしていく

③リンゴになった　ポトン

③片手でグーを作り、その上に葉っぱをかぶせる

④きいろいはっぱが　かぜにまった

④黄色い葉っぱを両手に持って上にあげ、左右にふる

⑤フワフワフワフワ

⑤フワフワと葉っぱを上下に動かしながら両脇におろす

⑥バナナになった　ポトン

⑥葉っぱを細長く折り、両手で斜めに持ってバナナの形にする

こんなとき　あんなとき

・落ち葉を拾って、遊びはじめた頃にどうぞ。
・秋を感じさせてあげたい時にどうぞ。
・色を知らせたい時にどうぞ。

FUMIKO'S アドバイス

・ことばのイメージがわきやすいように、果物などの絵カードや絵本を用意するとよいでしょう。
・いろいろな色があることに気づかせ、同じ色の物を探して遊びましょう。
・色だけでなく、形に目を向ける子もいますので、認めてあげましょう。

アレンジを楽しみましょう！

★葉っぱがない時は、赤、黄、緑、茶の葉っぱの色に近いハンカチを用意し、葉っぱに見立てて遊んでみましょう。
★ハンカチだからできる、いろいろな形を作って遊んでみましょう。

【遊び方　例】
♪あかいはっぱが　かぜにまった（ハンカチを持って、頭上で左右に振る）
♪ヒラヒラヒラヒラ（ヒラヒラさせながらおろす）
♪リボンになった　パッ（ハンカチの真ん中を持ってつまみ、リボンの形にし、頭にのせる）

はっぱのへんしん

作詞・作曲　斎藤二三子

かろやかに

あかい　はっぱが　かぜに　まった　ヒラフワ　ヒラフワ　リンボンに　なった　（ポトン）
きいろい　はっぱが　かぜに　まった　ヒラフワ　ヒラフワ　サンカクに　なった　（ボトン）
みどりの　はっぱが　かぜに　まった　ヒラヒラ　ヒラヒラ　バスに　なった　（ドーン）

トントントン ギコギコ だいくさん

■年齢の目安　３歳～

両手を、かなづちとのこぎりに見立て、いろいろな物をイメージしながら作っていく手遊びです。大工さんになったつもりで、木でできているいろいろな物を探しながら遊んでみましょう。大きな家の時、小さな家の時、動作やうたい方にも変化をつけましょう。

手遊び

CD TRACK 14

1番　①かなづち　トントン

①両手でこぶしを作り、２回振りおろす

②トントントン

②両手のこぶしを３回打ち鳴らす

③のこぎり　ギコギコ

③両手を体のわきで前後に２回動かす

④ギーコギコ

④左右の手を交互に２回引く

⑤ゾウさんのおうちが

⑤両手で頭上に大きな三角屋根を作る

⑥できました

⑥３回拍手する

2番　⑤ネズミさんのおうちが

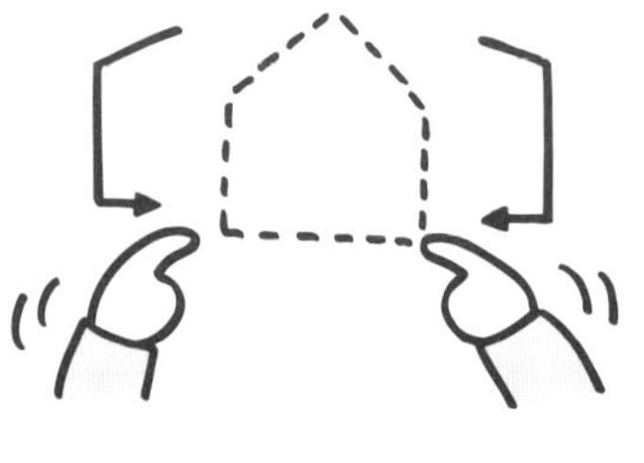

⑤両手の人さし指で胸の前に小さな家を作る

⑥できました

⑥人さし指を３回打ち合わせる

FUMIKO'S アドバイス

・大きな物をイメージして遊ぶ時は「かなづちトントン〜ギーコギコ」を何度か
　くり返してうたいましょう。
・手遊びの最後に、動物の鳴き声や動作をしてみましょう。
　【例】ゾウ→ゾウの鼻を表現しながら「パオ〜ン」と鳴く。

こんなとき あんなとき
・工作遊びの前後にどうぞ。
・参観日など、親子のふれ合い遊びとしてどうぞ。

アレンジを楽しみましょう！

★いろいろな物をイメージして遊びましょう。
①木でできている物を身のまわりから探します。
　大中小、様々な物を探し、まず、ことば集めをしてみましょう。
【例】おもちゃ箱、イス、机、タンス、すべり台　など

②集めたことばを使って、歌詞を作って遊びましょう。
【例】
♪大きなすべり台ができました
♪中くらいのタンスができました
♪ちっちゃなおイスができました　など

トントンギコギコだいくさん

作詞・作曲　斎藤二三子

1番はゆったり、2番はかわいく

か　な　づ　ち　　トン　トン　　トン　トン　トン　　　　　の　こ　ぎ　り　　ギ　コ　ギ　コ

※1番だけ2回くり返す。

ギ　ー　コ　ギ　コ　　　　ゾ　ウ　さ　ん　の　　お　う　ち　が　　で　き　ま　し　た
　　　　　　　　　　　　ネ　ズ　ミ　さ　ん　の　　お　う　ち　が　　で　き　ま　し　た

手遊び

かいぐり

■年齢の目安　０歳～

大人の模倣ができる、生後８ヶ月頃から遊ぶことができる伝承遊びです。
リズミカルな動きに合わせた、まねっこ遊びとして楽しんでいきましょう。

乳児の場合は、膝に抱っこして、手を動かしてあげます。

①チョチチョチ

①２回拍手をする

②アワワ

②片手を口にあて「アワワ」と声を出しながら動かす

③かいぐりかいぐり

③両手をグルグルと４回まわす

④とっとのめ

④両手の人さし指を目尻におく

⑤おつーむてんてん

⑤両手で頭を４回たたく

⑥ひじトントン

⑥片手の肘をトントンとたたく

FUMIKO'S アドバイス

・乳児の場合は、抱っこをし、子どもの手をとって遊んであげましょう。
・まねができるようになったら、向かい合ってまねをさせて遊びましょう。

アレンジを楽しみましょう！

★体の部位をかえて遊んでみましょう。

【例】
かた　トントン（肩をたたく）
ほっぺ　ポンポン（頬をたたく）
ひざ　トントン（膝をたたく）など

★身体部位ゲームをしましょう（幼児になり、ゲームができるようになってから）。
①円陣を作ってイスに座ります。
②リーダーを決め、「ちょちちょち～あたまテンテン」まで、みんなで遊びます。
※「おつむ」は幼児語なので「あたま」にかえて遊ぶ。
③リーダーは自分の好きな体の部位を示し、他の子どもがまねをします。
【例】リーダー「みみピッピ」（耳を引っぱる）
子どもたち（リーダーと同じように自分の耳を引っぱる）
④「あたまテンテン→はなトントン」のように、次々に違う場所を指していきます。
⑤リーダーをかえて順番にくり返します。

みみ
ピッピ
はな
トン
トン
おなか
ポン
ポン

こんなとき あんなとき
・身体部位を知らせたい時にどうぞ。
・ふれ合い遊びを楽しみたい時にどうぞ。

かいぐり

わらべうた

優しく

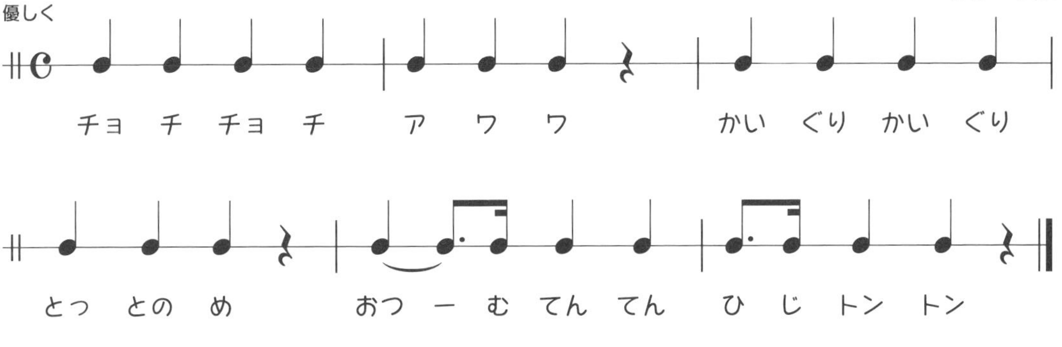
チョ　チ　チョ　チ　ア　ワ　ワ　かい　ぐり　かい　ぐり
とっ　との　め　おつ　ー　む　てん　てん　ひ　じ　トン　トン

いとまき

■年齢の目安　３歳～

両手首をぐるぐる回したり、引いたりして糸巻きをします。大中小の動物の靴などを作って遊ぶ手遊びです。古くから親しまれ、後半は様々なうたい方がされています。
子どもの発想を大切にしながら遊んでいきましょう。

手遊び

①いとまきまき　いとまきまき

①両手の握りこぶしを
グルグルとまわす

②ひっぱって

②ひじを曲げたまま
左右に２回引く

③トントントン

③こぶしを３回打ち合わせる
★ここまでを２回くり返す。

④できたよできた

④顔の前で両手を交差させ、キラキラ
させながらおろしていく

⑤ゾウさんの　くつが

⑤拍手を４回

⑥できたよできた

⑥顔の前で両手を交差させ、キラキラ
させながらおろしていく

⑦おおきな　くつが

⑦同じ動作をくり返す

FUMIKO'S アドバイス

・動物の大きさに合わせ、動作を大きくしたり、小さくしたりしてみましょう。また、①②③のくり返す回数をかえて、遊んでいきましょう。
・現代は糸巻きを見る機会がないので、絵本など、お話の世界で知らせてあげましょう。そのような絵本の読み聞かせの後に遊ぶといいですね。

アレンジを楽しみましょう！

★形容詞を使って遊びましょう。

・大中小などの大きさのかわりに、「かわいい」などの他のことばを使う。

【例】 リス（かわいいくつ）
　　　ウサギ（きれいなくつ）　　など

★靴だけでなく、他の物を作って遊びましょう。

【例】

〇〇ちゃんの かわいいい帽子　／　お母さんの ステキな洋服　／　お父さんの 大きなカバン　／　お姉さんの おしゃれなスカート

こんなとき あんなとき
・絵本の読み聞かせの後にどうぞ。
・父の日や母の日、お友だちの誕生日のプレゼントの歌にどうぞ。

いとまき

替詞　斎藤二三子
作詞者不詳
曲　デンマーク

気持ちをこめて
いとまきまきいと　まきまきひっぱって　トントントントン
できたよ　できた　ゾウさんの　くつが
できたよ　できた　おおきな　くつが

どうぶつまねっこ

手遊び

■年齢の目安　2歳～

大好きな動物の特徴である鳴き声や仕草をまねて、くり返しことばも楽しみながら遊びます。手遊びとしてご紹介していますが、全身を使った表現遊びとしても楽しんでください。

①わたしはネコのこ　ネコのこ

①人さし指で自分の鼻を４回さす

②ニャンニャンニャン

②握った両手を胸の前におき、上下に３回振る

③おめめがクリッ

③人さし指と親指で輪を作り、左目のまわりをクリッと動かす

④おめめがクリッ

④次に右目のまわりでクリッと動かす

⑤クリックリックリッ

⑤両手で外側に３回動かす

⑥おひげがピン

⑥右手の人さし指を２回くるっと回してから、ピンとひげを描くように１回はねる

FUMIKO'S アドバイス

・遊びに入る前に、みんなの好きないろいろな動物について話し合い、鳴き声や動作など、特徴をつかんでおきましょう。
・ウサギは「ピョンピョン鳴く」と言う子どももいます。そんな時はすぐに否定せず、徐々に擬態語であることを知らせていきましょう。

⑦おひげがピン

⑦左手も同じようにする

⑧ピンピンピン

⑧両手で外側に３回はねる

⑨ゴロニャーン

⑨猫の手の仕草をしながら
ゴロニャ〜ンと鳴く

こんなとき あんなとき ・動物の鳴き声や、音を知らせたい時にどうぞ。

アレンジを楽しみましょう！

★いろいろな動物の、いろいろな擬態語を考え、かえ歌を楽しみましょう。
（ネコも、目とひげだけでなく、しっぽ、耳、口など、他の特徴も考えて遊びましょう。）
【その他の例】
♪わたしはイヌのこ　イヌのこ　ワンワンワン
♪おめめがキョロ　おめめがキョロ
♪キョロキョロキョロ
♪おみみはピン　おみみはピン　ピンピンピン　ワォーン　など

指遊び

かなづち トントン くぎ！ぽん

■年齢の目安　４歳～

かなづちでトントントンとクギを打ちます。
さて、何ができるかな？
数遊びとして１～５までの数を、クギの数に対応させて遊びます。打つ数を次々に増やし、最後に何ができたか聞いて遊びます。

①かなづちトントン

①両手のこぶしを２回上下に動かす

②トントントン

②こぶしを３回打ち合わせる

③くぎをいっぽん　うちましょう

③右手の人さし指を１本立てる

④トントントン

④こぶしを３回打ち合わせる

２番　⑤かなづちトントン

⑤両手のこぶしを２回上下に動かす

⑥トントントン

⑥こぶしを３回打ち合わせる

アレンジを楽しみましょう！

★お話をしながら遊んでみましょう。

「さあ大変です。台風がきて森の動物たちのおうちが風で飛ばされてしまいました。今日はみんなでお家を作ってあげましょう」のように、お話の世界を楽しませながら、子どもたちに作ってあげたい家を考えてもらいます。
その後で、だれのお家を作りたいのか決め、手遊びをしましょう。
大きな動物の家やイス、テーブルを作る時にはクギの数を増やしていきましょう。

FUMIKO'S アドバイス

・遊びに慣れてきたら、リズムの速さをかえて遊んでみましょう。
・大きさによって、クギの打ち方を変化させて遊んでみましょう。
・発達に合わせて、クギの数を増やしていきましょう（10までの数）。

こんなとき あんなとき
・数の多い少ないを知らせたい時にどうぞ。
・木でできているものを知らせたい時にどうぞ。

⑦くぎをにほん　うちましょう

⑦人さし指と中指を２本立てる

⑧トントントン

⑧こぶしを３回打ち合わせる

⑨トントントン

⑨こぶしを３回打ち合わせる

※３番以降は、指を３本立てて「トントントン」を３回、４本で４回、５本で５回と、叩く回数を増やしていきます。

かなづちトントンくぎ１ぽん

作詞・作曲　斎藤二三子

さつまいもをほろう

■年齢の目安　0歳～

子どもたちが大好きな、おいしいさつまいも。大きなおいも、中くらいのおいも、小さな赤ちゃんおいも、いろいろありますね。
手指でさつまいもを表現し、「よ～いしょ　よ～いしょ」と、引っぱりっこ遊びも、楽しみましょう。

手遊び

CD TRACK 15

2人組で向かい合って遊びます。

①さっさっさの　②さつまいも　③あかむらさきの　④さつまいも

①左手を腰にあて、右手を顔の前で3回振る

②3回拍手

③両手でさつまいもを持つ仕草をする

④3回拍手

⑤おおきなおいもが　⑥ほれました　⑦よ～いしょよ～いしょ…　⑧ポ～ン

⑤交差させた両手をまわし、頭上に大きな輪を作る

⑥3回拍手

⑦手をつなぎ、4回お互いを引き合う

⑧1回拍手

FUMIKO'S アドバイス

・乳児の場合は保育者が子どもの手をそっと持って遊んであげましょう。
・「よ～いしょ」と引き合う回数を、サツマイモの大中小に合わせてかえて遊びましょう。
【例】中くらいのおいも「よ～いしょ　よ～いしょ」
　　特大のおいも　「よ～いしょ　よ～いしょ　よ～いしょ　よ～いしょ…」
・引っ張り合いはケガをしないように注意して遊びましょう。

こんなとき あんなとき
・サツマイモの収穫を経験した時にどうぞ。
・季節を感じさせたい時にどうぞ。

アレンジを楽しみましょう！

★遊び方１　表現遊びを楽しみましょう。（４・５歳児向き）
・２人組で向かい合って立ちます。
♪さっさっさのさつまいも～おおきなおいもがほれました（基本の表現と同じ）
♪よ～いしょ　よ～いしょ（お互いに手をつなぎ引っ張り合う）
♪ポ～ン（ポ～ンと手を離す）
※間奏を入れ、次の相手を見つけ、遊びを続けます。

★遊び方２　ゲーム遊びをしましょう。
サツマイモ役が円の中央に立ちます。他の人たちは手をつないで円陣を作り、「♪ほれました」まで歌に合わせてまわる。
「サツマイモの子」はだれか１人を見つけ「よ～いしょ」と引っ張り、ジャンケンをする。負けた人は次のサツマイモになり、遊びを続ける。

２番 ⑤ちっちゃなおいもが　⑥ほれました　⑦よ～いしょよ～いしょ…　⑧ポ～ン

⑤両手の親指と人さし指で小さなさつまいもを作る
⑥人さし指を３回打つ
⑦お互いの人さし指で４回引っぱり合う
⑧ポ～ンと指をはなす

さつまいもをほろう

作詞・作曲　斎藤二三子

元気いっぱい
さっさっ さ の さつまい も あかむら さきの さつまい も
さっさっ さ の さつまい も あかむら さきの さつまい も
3回くり返し
おおきな おいもが ほれまし た よーい しょ よーい しょ ポーン！
ちっちゃな おいもが ほれまし た よーい しょ よーい しょ ポーン！

指遊び

あかちゃんおやすみ

■年齢の目安　0歳～

１本１本の指を家族に見立て、順番に寝かせていきます。みんな寝たらハンカチ布団をかけ、「だれが一番早起きかな？」とあてて遊びます。家族の寝息をおもしろいくり返しことばにするなど、音のおもしろさも楽しみながら遊んでみましょう。

２人組、または少人数で遊びます。

①あかちゃんおやすみスースースー　②ねえさんおやすみピーピーピー　③にいさんおやすみムニャムニャムニャ

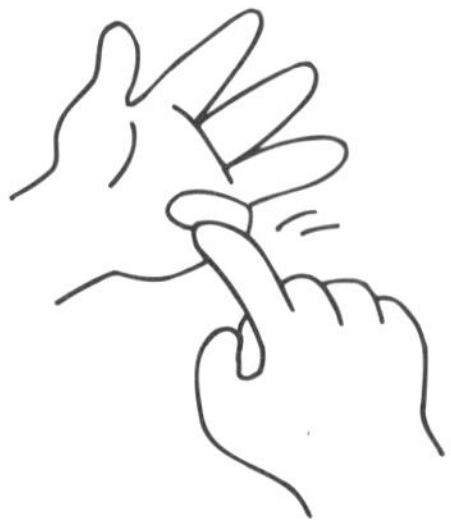

①右手で左の小指を折り曲げる

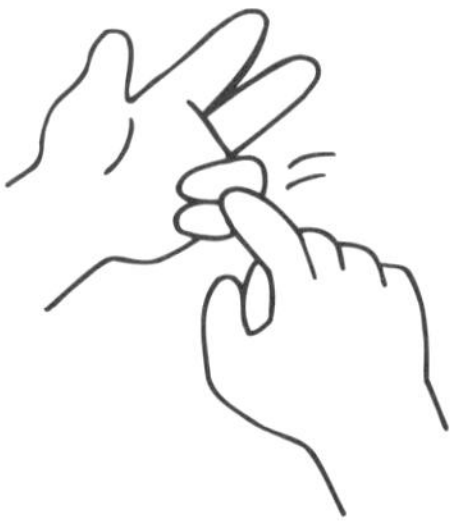

②薬指を折り曲げる

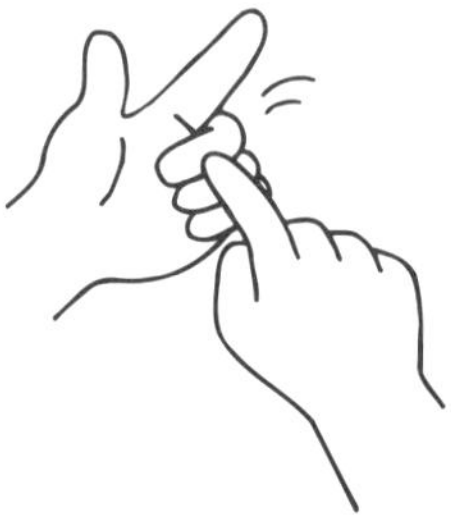

③中指を折り曲げる

④かあさんおやすみクークークー　⑤とうさんおやすみグーグーグー　⑥みんなねました

④人さし指を折り曲げる

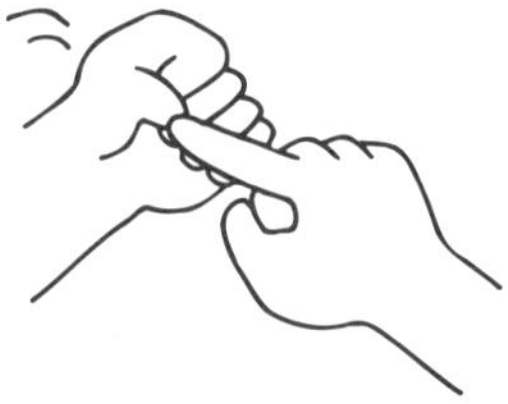

⑤親指を折り曲げる

⑥こぶしをそっとなでる

⑦グースーピー　⑧「コケコッコーあさですよ！　だれがいちばんはやいかな？」

⑦ハンカチをそっとかける

⑧ハンカチの下で指を１本そっと立て、だれが一番早起きかをあてて遊ぶ

FUMIKO'S アドバイス

・遊びの前に、お父さん指、お母さん指、お兄さん指、お姉さん指、赤ちゃん指と、指の名前を知らせてあげましょう。
・乳児には保育者が演じて見せてあげましょう。ハンカチがない時は、保育者の手を布団に見立て、こぶしをかくすようにして遊んでみましょう。

こんなとき あんなとき
・指の名前を知らせてあげたい時にどうぞ。
・家族に興味関心を持たせてあげたい時にどうぞ。

アレンジを楽しみましょう！

★遊び方１　寝息をくり返しことばにします。
５人の家族の寝息を、おもしろいくり返しことばにかえて遊んでみましょう。
【例】赤ちゃん (キュキュキュウ)　お姉さん (スヤスヤスヤ)　お兄さん (ゴーゴーゴー)
　　お母さん (ピュウピュウピュウ)　お父さん (ガウガウガウ)　　など

★遊び方２　お話遊びを楽しみましょう。
「家族の他に、早起きなのはだれだろう？」と、早起き動物やその鳴き声を考えて、指あての前にお話を作って遊んでみましょう。
【例】
「コケコッコー朝ですよ。
カアカアカア・カラスさんが起きました。
チュンチュンチュン・スズメさんも起きました。
ワンワンワン・イヌさんも起きました」など

あかちゃんおやすみ

作詞・リズム　斎藤二三子

優しく静かに

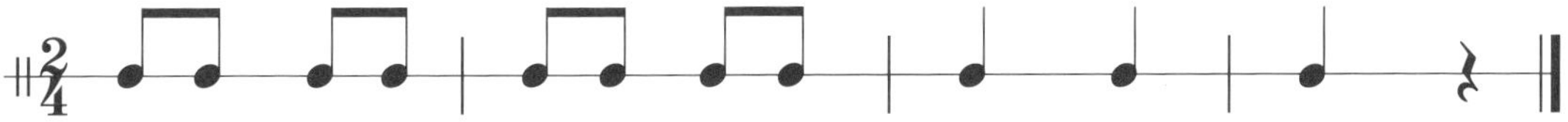

どうぶつジャンケン

ジャンケン遊び

■年齢の目安　２歳～

指の形はいろいろな動物に見立てて遊ぶことができます。
ここでは、グー、チョキ、パーの形を動物に見立て、リズムにのせて、表現遊びを楽しみながら、ジャンケン遊びをしましょう。

２人で向かい合い、または数人で輪になって遊びます。

①チョロチョロ　リスさんやってきて

①両手でグーを作り、胸の前でグルグル回す

②ピョンピョン　ウサギさんがやってきて

②両手でチョキを作り、ウサギの耳に見立てて上下に動かし、ピョンピョンととぶ仕草をする

③ヒラヒラ　チョウチョがやってきて

③両手でパーを作り、胸の前で交差させてチョウの羽のように４回ヒラヒラさせる

④みんなでいっしょにジャンケン　ポン

④６回拍手し、「ポン」でジャンケンをする

こんなとき あんなとき
・イメージ遊びを楽しませたい時にどうぞ。
・影絵遊びを楽しませたい時にどうぞ。

FUMIKO'S アドバイス

・乳児に対しては、ジャンケンではなく手遊びとして遊んであげましょう。
・発達に応じてリズムを遅くしたり、早くして遊んでみましょう。

アレンジを楽しみましょう！

★手の形のイメージを広げ、かえ歌をして遊んでみましょう。
★影絵で遊んでもいいですね。

【例】
グー（ウマの足、カニの目、ヘビの頭）
チョキ（カニのハサミ、ワニの口、鳥のクチバシ）
パー（魚のヒレ、ネコのヒゲ、おひさま）　など

Winter 冬の章

伝統行事や自然の変化を知る

〝ぺったんこ ソレぺったんこ〟１年のしめくくりのおもちつき。そして「おめでとうございます」と、新年を祝う日本独特の伝統行事。

子どもたちの、とっても楽しい行事です。実体験を通し、学んだこれらの行事を、手遊びとともにさらに楽しんでみましょう。また寒い冬でも子どもたちにとっては待ち遠しい「雪」を使った遊び〝ゆきだるま〟で、「大中小の雪だるまや雪ウサギ作り」をしてみましょう。「粉雪」「ボタン雪」など、いろいろな雪を知ったり、「氷」「みぞれ」「あられ」など、他の自然現象に興味を持つ、きっかけとなる手遊びです。

寒くても平気、外に飛び出し、元気に遊ぶ子どもたちに、ぴったりの手遊びや、部屋の中で静かに楽しめる指遊びもどうぞ。
また、1年の育ちを駆使した、年長児向のジャンケン遊び〝くだものジャンケン〟…むずかしいけれど、やってみて達成感を味わえるのもこの時期です。
幼児組から乳児組へ伝えてあげられる、優しいふれ合い遊び〝はらぺこあおむしくんのおさんぽ〟など、子ども同士で遊ぶことができるよう、縦割り保育の経験も持たせてあげましょう。
この時期、これまでの経験やこれからしたいこと、「もし○○だったら」など、いろいろな思いをことばにして、みんなに伝えられるようになるといいですね。

おもちをどうぞ

■年齢の目安　1歳～

日本の伝承行事「おもちつき」の手遊びです。手のひらをおもちに見立て、つき手と、こね取りに分かれて遊びます。
「ぺったんぺったん」のリズムを楽しませながら遊んでいきましょう。さて、どんなおもちができるかな。

手遊び

CD TRACK 16

A、Bの2人組で向かい合い、AB交互に行う。

①A／ぺったんぺったんぺったんこ　ソレ

両手で杵を持ち、肩から振り下ろす仕草をする

②B／ぺったんぺったんぺったんこ　ハイ

「ぺっ」で両手のひらを広げ「たん」で1回拍手。これを4回くり返す

★①②の動作を2～3回くり返す。

③A／おしょうゆつけて

③自分の左手の甲を4回叩く

④A／のりつけて

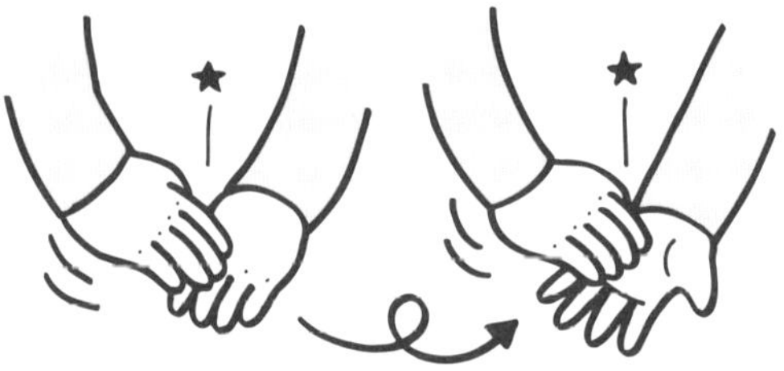

④のりを巻くように、手の甲を1回、ひっくり返して手のひらを1回軽く叩く

⑤AとB／おいしいおもちができました

⑤7回拍手をする

FUMIKO'S アドバイス

・乳児と遊ぶ時は、ことばのリズムを楽しませたり、体にそっとふれる、ふれ合い遊びとして行いましょう。
・4、5歳児は遊びに慣れたら子ども同士2人組で遊んでみましょう。
・おもちを食べる表現は、子どもの発想を大切にしながら遊びましょう。
・のりのおもちだけでなく、いろいろなおもちを作って遊びましょう。
【例】あんころもち、きなこもち、からみもち、なっとうもち、大福もちなど

アレンジを楽しみましょう！

★もちつき勝ち抜き戦／早くおもちを食べられた人の勝ち！

①ジャンケンをして勝敗を決め、勝った人は先にどんなおもちがよいか伝えておきます。
②負けた人はおもちをつく役。勝った人はこね取り役。
③２人組で基本の遊びをします。
④おもちを食べた人は、その場で座って待つか、席に戻って待ちます。
⑤おもちをついた人は、次の人を見つけてジャンケンをし、遊びをくり返します。
※さて、最後までおもちを食べられない人は誰でしょう。

⑥Ａ／はいどうぞ

どうぞ

⑥Ｂは両手のひらを出す。Ａは２回拍手し、「どうぞ」で、Ｂの手のひらにおもちをのせる仕草をする

⑦Ｂ／いただきます ムシャムシャムシャ

⑦Ｂはそのおもちを食べる仕草をする

こんなとき あんなとき
・園のイベントなどでおもちをついた時や、12月の行事の前後にどうぞ。

おもちをどうぞ

作詞・作曲　斎藤二三子

元気よくリズミカルに

ぺったん ぺったん ぺったん こ(ソレ) ぺったん ぺったん ぺったん こ(ハイ)
ぺったん ぺったん ぺったん こ(ソレ) ぺったん ぺったん ぺったん こ(ハイ)
お しょう ゆ つ け て の り つ け て
お い し い お も ち が で き ま し た (はいどうぞ)
(いただきます)

ゆきだるま

■年齢の目安　0歳～

寒い冬がやってきて、雪が降ってきましたよ。さて、どんな遊びをしましょうか。「ちらちら」粉雪、「ふわふわ」ボタン雪と、雪をやさしく表現する手遊びです。いろいろな大きさの雪だるまを作って遊んでみましょう。

手遊び

CD TRACK 17

①ちら ちら ちら ちら

①両手を胸の横でヒラヒラさせる

②こなゆきさん

②雪を両手で受け、のぞきこむ仕草をし、頭を左右に2回振る

③ふわ ふわ ふわ ふわ

③両手を頭上から左右に4回ヒラヒラさせておろす

④ぼたんゆき

④両手のひらを上向きにして2回振る

⑤できたよできた

⑤4回拍手する

⑥おおきなおおきな　ゆきだるま

⑥両手で頭上に大きな丸を作り、体を左右に振る

⑦ド～ン

⑦両手を勢いよくおろし、下で大きな丸を作る

こんなとき あんなとき

・寒い冬、雪遊びの前後に、または雪に興味を持たせてあげたい時にどうぞ。

FUMIKO'S アドバイス

・乳児には保育者が演じて見せてあげましょう。
・雪だるまの大きさは大小だけでなく「中くらい」「特別大きな」などの動作も入れて、子どもの発想を大切にしながら遊んでみましょう。

2番　⑥ちいさなちいさな　ゆきだるま　⑦トン

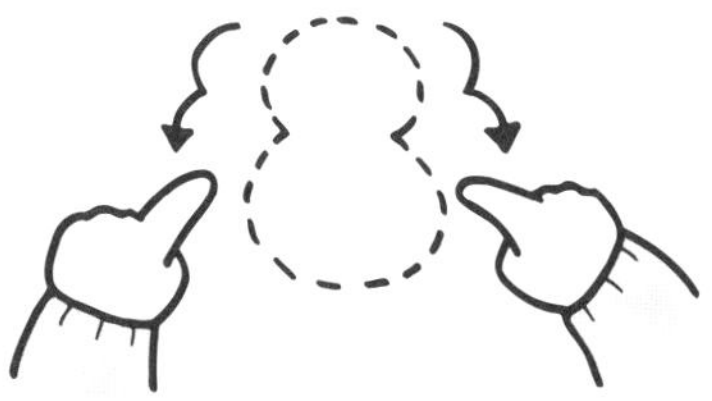

⑥両手の人さし指で、小さな雪だるまの形を作る

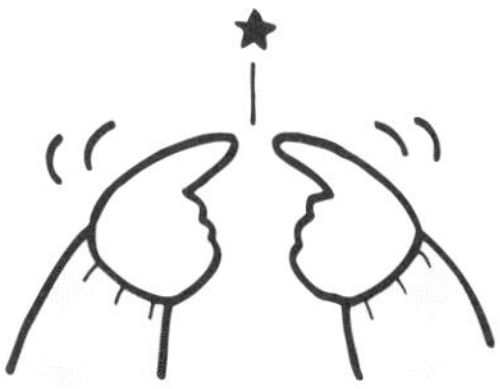

⑦人さし指を１回打ち合わせる

アレンジを楽しみましょう！

★表現遊びをしましょう！

①２人組で向かい合ってジャンケンをし、ＡＢに分かれます。
②勝った人（Ａ）雪で何を作りたいか考え相手に伝えます。【例　雪ウサギ】
　負けた人（Ｂ）はＡのまねっこをします。
♪ちらちら～こなゆきさん（Ａが演じる）　♪ふわふわ～ぼたんゆき（Ｂがまねる）
♪できたたよできた　かわいいかわいいゆきウサギ（Ａが４回拍手し両手でウサギの耳を作る。Ｂはそれを見てまねる）
♪ピョンピョンピョン（ＡＢいっしょにとぶまねをする）
※他に「雪の玉」「雪の家」など、いろいろ考えて遊びましょう。

ゆきだるま

作詞・作曲　斎藤二三子

グーチョキパーでなにつくろう

■年齢の目安　３歳〜

両手で作るグーチョキパーの手の形のイメージ遊びです。手を握ったり開いたり、左右の手を組み合わせたりしながら、いろいろな動物や物をイメージして遊んでみましょう。
固定概念にとらわれず、自由な発想で遊んでみてください。

1番　①グーチョキパーで グーチョキパーで　　②なにつくろう なにつくろう

①両手でグーチョキパーを２回作る

②拍手３回を２回くり返す

③りょうてがチョキで かわいいウサギ　　④ピョンピョンピョン ピョンピョンピョン

③両手でチョキを作り、左右に揺らす

④両手を胸の前でピョンピョンと上下させる

2番　③りょうてがパーで きれいなチョウチョ　　④ヒラヒラヒラ ヒラヒラヒラ

③両手でパーを作ってから、その手を
交差させチョウの形を作る

④飛ぶようにヒラヒラさせる

FUMIKO'S アドバイス

・発達に合わせて、両手が同じ、やさしい形から遊んでいきましょう。
・手遊びとしてご紹介していますが、全身を使った表現活動として遊んでも良いですね。

こんなとき あんなとき
・ジャンケンに興味を持ちはじめた時にどうぞ。
・いろいろな形に興味を持ちはじめた時にどうぞ。

アレンジを楽しみましょう！

★右手と左手の形をかえて遊んでみましょう！
【例】
♪みぎてがチョキで　ひだりてが　グーで（右手をチョキ、左手でグーを作る）
♪カタツムリ　ノーソノソ（右手のうえに左手をのせ、カタツムリにしてゆっくり動かす）

★影絵遊びをしてみましょう！
作った形で影絵遊びをし、何かをあてて遊びます。
【例】キツネ（人さし指と小指を立て他の指は合わせる）
　　　カニ（両手でチョキを作り頭の左右におく）　など

カタツムリ

キツネ

カニ

グーチョキパーでなにつくろう

作詞　斎藤二三子　外国曲

イメージをふくらませて

グー チョキ パー で　グー チョキ パー で　なに つく ろう　なに つく ろう
りょうてが チョキで　かわいい ウサ ギ　ピョン ピョン ピョン　ピョン ピョン ピョン
りょうてが パー で　きれいなチョウ チョ　ヒラ ヒラ ヒラ　ヒラ ヒラ ヒラ
みぎてが チョキ で　ひだりてが グー で　カタ ツム リ　ノー ソノ ソ

だしてひっこめて

手遊び

■年齢の目安　３歳～

リズムに合わせて、手や足を出したり引っ込めたりと、全身を使ったリズム遊びをしてみましょう。
前、横、上、下、など、移動しながら遊ぶうちに、位置を表わすことばや場所に気づいていく楽しい遊びです。

まず前横上下の位置を確認します。動作の順番は決めず、リーダーが「今度は上に手をあげてね」など、うたう前に声をかけましょう。
★終わりの「みんなでなかよく　トントントン」は４回拍手し、３回足踏みをします。

①ハイ　だして　②ひっこめて　③トントントン

①両手を前に出す　②両手を引っ込める　③手拍子３回

①ハイ　だして　②ひっこめて　③トントントン

①両手を上にあげる　②両手をおろす　③手拍子３回

①ハイ　だして　②ひっこめて　③トントントン

①両手を横に出す　②両手を戻す　③手拍子３回

こんなとき あんなとき
・親子のふれ合いや運動会など、リズム遊びを楽しませたい時にどうぞ。
・位置を表わすことばを知らせたい時にどうぞ。

①ハイ　だして　②ひっこめて　③トントントン

①片足を前に出す　②その足を戻す　③手拍子３回

①ハイ　だして　②ひっこめて　③トントントン

①片足を横に出す　②その足を戻す　③手拍子３回

アレンジを楽しみましょう！

★かえ歌遊び（2 人組で向かい合い、歌詞の通りに動きます。）

♪まえにだして　ひっこめて　トントントン
♪うえにあげて　おろして　トントントン
♪よこにだして　ひっこめて　トントントン
♪みんなで　なかよく　トントントン（両手をつなぎその手を 2 回振り、両足とび 3 回）

だしてひっこめて

作詞者不詳　外国曲

こどもと こどもが けんかして

■年齢の目安　３歳～

古くから伝えられている伝承遊びです。
指の名前をそのままお話にした楽しい指遊びです。アレンジ遊びとして、親指から打ち合わせ、小指に戻ってくる遊び方を紹介しています。
語呂合わせ的なお話を楽しませましょう。

指遊び

１人指遊びをします。

①こどもと　こどもが　けんかして

①小指と小指を７回打ち合わせる

②くすりやさんが　とめたけど

②薬指と薬指を７回打ち合わせる

③なかなか　とまらない

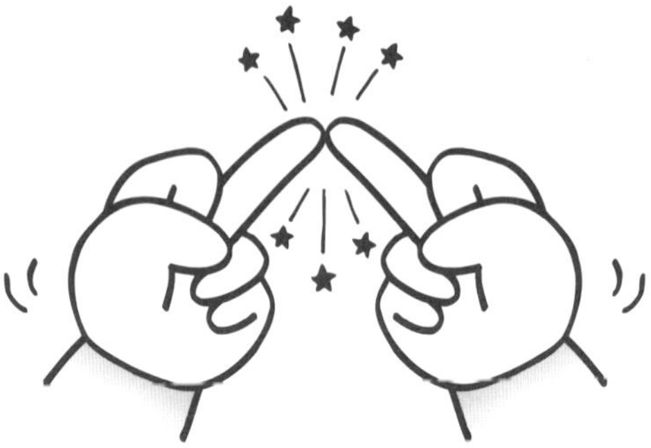

③中指と中指を７回打ち合わせる

④ひとたちゃ　わらう

④人さし指と人さし指を４回打ち合わせる

⑤おやたちゃ　おこる

⑤親指と親指を４回打ち合わせる

⑥プンプンプン

⑥腕組みをし、怒っている仕草をする

FUMIKO'S アドバイス

・楽しく手遊びをしながら、お話を作ってみましょう。楽しく遊ぶうちに指の名前を覚えられるといいですね。
・同じ指を打ち合せるのがむずかしい子どものために、この遊びの前に指と指を打ち合わせるだけの遊びをしてみましょう。

こんなとき あんなとき
・子どものケンカのトラブルがあった時にどうぞ。
きっとなかよくなれますよ！

アレンジを楽しみましょう！

★指の順番を逆にして（親指から）、遊んでみましょう。
そこでとうさんけんかして（親指と親指を７回打ち合わせる）
ひとたちゃわらい（人さし指と人さし指を４回打ち合わせる）
なかなかなかなかやめられない（中指と中指を７回打ち合わせる）
くすりやさんのまえで（薬指と薬指を７回打ち合せる）
こどもがとうとうなきだした（小指と小指を７回打ち合わせる）
エンエンエン（両目に手を置き、泣いている仕草をする）

こどもとこどもがけんかして

わらべうた

語りかけるように

こ ど も と こ ど も が け ん か し て く す り や
さ ん が と め た け ど な か な か
と ま ら な い ひ と た ちゃ わ ら
う お や た ちゃ お こ る（プンプンプン）

なぞなぞむし

指遊び

■年齢の目安　４歳～

左右の人さし指を「なぞなぞむし」に見立てます。この遊びに続けてなぞなぞ遊びをしましょう。なぞなぞのヒントには、はぐらかしのもの（*）と、ものの特徴をヒントにするものがありますが、ここではものの特徴をヒントにしていくことば遊びをしていきます。

１人指遊びをします

①あっちから　なぞなぞむしが　やってきて

①右手人さし指を動かしながら、うしろから前に持ってくる

②こっちから　なぞなぞむしが　やってきて

②左手人さし指を動かしながら、前に持ってくる（右は動かさない）

③なぞなぞ

③両人さし指を動かしながら左へ

④なぞなぞ

④両人さし指を動かしながら右へ

⑤はて　なあに

⑤中央でグルグルと３回まわして止める

遊びのあとになぞなぞを！

ノッシ ノッシ 歩いて
鼻が長いのは
だあれだ？

果物で丸くて
赤いものは
なーんだ？

＊「はぐらかしのヒント」とは、実際の特徴とは違う、トンチのひねりを入れたもの。
例えば「１本足で目玉１つはなあに→針」

アレンジを楽しみましょう！

★なぞなぞむしを作って、指にはめて遊びましょう！

①長い帯２本を（薄手の画用紙／幅 1.5 ～ 2cm ×長さ 25cm 位）
　互い違いに重ね、交互に 20 回位折る。
②最後に残った部分は切り取り、のりづけをする。
③短い帯で指を入れるリングを作り、②にのりづけする。
④別の画用紙になぞなぞむしの顔を描き、図のように貼りつけてできあがり。

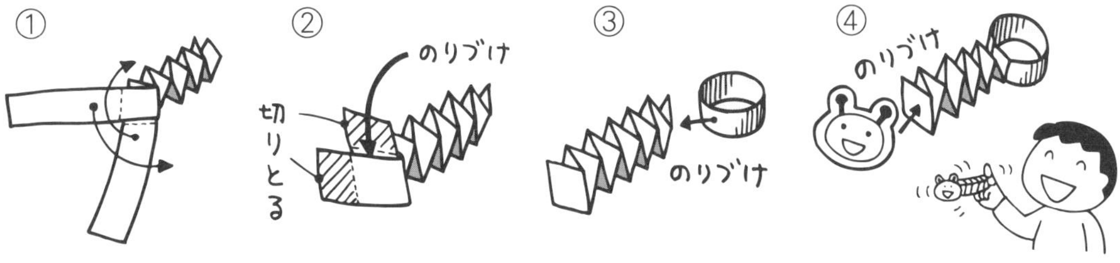

FUMIKO'S アドバイス

・慣れてきたらスリーヒントゲームにします。たくさんのイメージを拾いながら、最後に答えをしぼっていき、ものの見方や考え方を育ててあげましょう。
【例】第１ヒント【大きい動物です】（ゾウ、恐竜、キリン、ライオンなど）
　　　第２ヒント【ノッシノッシ歩きます】（ゾウ、恐竜、ライオン）
　　　第３ヒント【たてがみがあります】（ライオン）

こんなとき あんなとき
・いろいろなものの見方を育て、特徴に気づかせたい時にどうぞ。

なぞなぞむし

作詞・リズム　斎藤二三子

はずむように
あ っ ち か ら　な ぞ な ぞ む し が　や っ て き て
こ っ ち か ら　な ぞ な ぞ む し が　や っ て き て
な ー ぞ な ぞ　な ー ぞ な ぞ　は て なぁ　に

おめでとうかぞえうた

■年齢の目安　２歳～

古くから伝わる伝承遊びで、もともとは、なわとびをする時の遊び歌です。
１～５までの数を使った、語呂合わせのことば遊びを楽しみながら、あいさつことばの「おめでとう」を知らせる指遊び歌にアレンジしました。

指遊び

CD TRACK 18

①いちわのスズメが

①両手の人さし指を２回振る

②チューンチュン

②その手のまま両脇で羽のように振る

③にわの　ニワトリ

③２本指を立て２回振る

④コケコッコ

④その手のまま、右手はとさか、左手はしっぽに見立てて振る

⑤さんは　さかなが

⑤３本指を立てて２回振る

⑥スーイスイ

⑥その手のまま、右手は顔の前、左手は尾びれに見立てて振る

アレンジを楽しみましょう！

★１～10までのかえ歌遊びを楽しみましょう。
【例】いちわのカラスが　カアカア
　にわのヒヨコが　ピーヨピヨ
　さんはサルが　キャッキャッキャ
　しはしらがの　おじいさん
　ごはゴロゴロ　かみなりさん
　ろくはロボット　ガッチャガチャ
　しちはシチメンチョウが　クールルル
　はちはハチが　ブーンブン
　きゅうはきゅうきゅうしゃが　ピーポピポ
　とうはとっきゅうれっしゃが　ピュワ～ンピュワン

※子どもの発想を大切にし、自由にかえ歌を作って遊びましょう。

⑦よーんは　アヒルが

⑦４本指を立てて２回振る

⑧ヨーチヨチ

⑧その手のまま両脇で
羽のように振る

⑨ごーは　ごちそう

⑨５本の指を出し、２回振る

⑩ムシャムシャムシャ

⑩左手をお皿に見立て、
右手で食べる仕草をする

⑪みんなでいっしょに

⑪４回拍手

⑫おめでとう

⑫「おめでとうございます」と
みんなであいさつをする

FUMIKO'S アドバイス

・乳児には遊び歌としてうたってあげましょう。
・最初は保育者と向かい合ってゆっくりとうたいながら表現して遊びましょう。
・慣れてきたら、ボール遊びやなわとびの遊び歌として遊んでみましょう。

こんなとき あんなとき　・数字やことばのおもしろさに気づかせてあげたい時にどうぞ。

おめでとうかぞえうた

作詞・作曲　斎藤二三子

リズミカルにのびのびと

いちわの　スズメが　チューーン　チュン　にわの　ニワトリ
よーんは　アヒルが　ヨーチヨ　チ　ごーは　ごちそう
コケコッ　コ　さんはー　さかなが　スー　イ　スイ
ムシャムシャ　ムシャ　みんなで　いっしょに　おめでと　う（おめでとうございます）

はらぺこ あおむしくんの おさんぽ

指遊び

■年齢の目安　０歳〜

人さし指と親指で、子どもが大好きなはらぺこあおむしくんを作り、子どもの腕、髪、おでこ、鼻筋、口をいろいろなものや場所に見立てながらお散歩をしていきます。
最後は脇の下をコチョコチョコチョ！
くすぐり遊びにして遊んでいきましょう。

２人組で行います。

①はらぺこあおむし　おさんぽよ　②おいしいごちそうみつけましょう　③おやおやたいへんくさぼうぼう

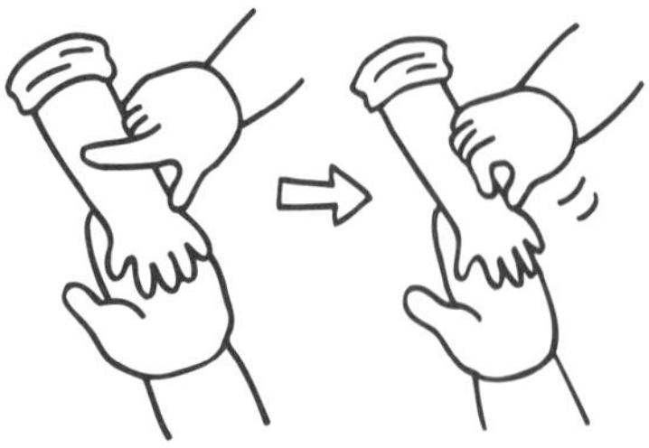

①相手の手をそっと持ち、親指と人さし指を伸び縮みさせながら手のひらから肘まで進む

②スピードをかえ、急いで頭の上までのぼっていく

③指で髪を７回パッパッとさわる

④ごちそうなかなか　みつからない　⑤いっぽんばしわたってトントントン　⑥おいけのまわりをさがしましょう

④人さし指でおでこをくるりとさわる

⑤人さし指で鼻筋をおりてきて、鼻の頭にトントントンと３回ふれる

⑥人さし指で、池に見立てた口のまわりをぐるりと回る

FUMIKO'S アドバイス

・「あおむしさんから見たらここは何に見えるかしら…」など、遊びの前に子どもとお話をしましょう。あおむしの気持ちになって、自分の体を何かに見立てるイメージ遊びです。

⑦あ！　あった

⑦相手の手を頭の上にあげる

⑧コチョコチョコチョ

⑧脇の下をくすぐる

こんなとき あんなとき

・あおむしが出てくる絵本の読み聞かせの前後にどうぞ。
・ふれ合い遊びをしてあげたい時にどうぞ。

アレンジを楽しみましょう！

★乳児のオムツがえの時に行い、両足やお腹をマッサージしてあげましょう。

①はらぺこよ　はらぺこよ

①赤ちゃんの両足首をそっと２回握る

②はらぺこあおむし　おさんぽよ

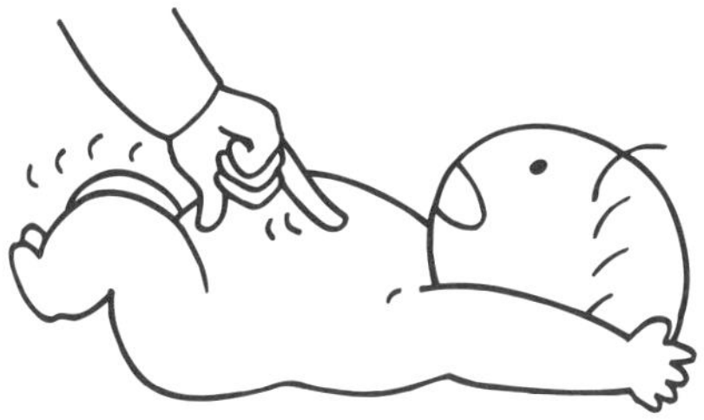

②両手の親指と人さし指で、基本の遊びと同じようにお腹まで進んでいく

③おいしいごちそうみつけましょう

③右回りで両手のひらでお腹をぐるっとマッサージする

④あ、あった！　コチョコチョコチョ

④両脇腹をくすぐる

⑤新しいオムツをあてる

くだものジャンケン

ジャンケン遊び

■年齢の目安　5歳～

ジャンケンのグーをリンゴ、チョキをバナナ。パーをパイナップルに見立ててジャンケンをします。
ことばに惑わされ、ちょっと複雑ですが、楽しいジャンケン遊びです。

ルール①グー＝リンゴ　チョキ＝バナナ　パー＝パイナップル
②おはじきをやりとりするのは、あいこを出してしまった時だけ。
③最後におはじきの数が多いほうが勝ち。

A、B2人組で遊ぶ。お互いにおはじきを10個用意する。

①まず普通のジャンケンで勝ち負けを決めます。

②たとえばチョキで勝ったAがバナナからはじめます。Aが「バナナ　バナナ」と言う間はBは何も言わず、3つ目に同時に果物の名を言ってジャンケンをします。

FUMIKO'S アドバイス

・この遊びはことばに惑わされやすいので、事前にしっかりとルールを把握させてから遊びましょう。
・おはじきのかわりにキャンディやチップ、または落ち葉などでも遊べます。

こんなとき あんなとき
・グループでゲーム遊びをしたい時にどうぞ。
・多い、少ないの数遊びをしたい時にどうぞ。

③今度はパイナップルで勝ったBがリードします。

パイナップル・パイナップル・リンゴ！
パイナップル！
A
B

④リードする人と同じ果物を出してしまったほうが負けで、おはじきを１個渡します。

パイナップル・パイナップル・バナナ！
バナナ！
勝った！
負けちゃった〜

アレンジを楽しみましょう！

★グループでジャンケンゲーム！

２チームに分かれ、勝ち抜き戦をして遊びます。
①たて一列に向かい合って並びます。
②先頭から基本の遊びをしていきます。
③勝った人は負けた人からおはじきを１つもらい、負けたら一番後ろにいきます。

MEMO

手遊び Q&A

Q1 手遊びのレパートリーを増やしたいと思っています。バリエーションを広げるコツを教えてください。

A ①まず保育者が知っている手遊びで、子どもといっしょにかえ歌のアレンジをしてみましょう。「こんどはこれにかえてやりたい」という子どもの気持ちを大切に、子どものことばを取り入れて遊びます。想像力（創造力）もふくらみ、ことばが育ちます。

②目的に合った手遊びを探して、まず保育者が楽しみましょう。

・お話の内容の動機づけをしたい時【例】「こどもとこどもがけんかして」(p.76) など

・季節や行事を知らせたい時【例】「はるですよ はるですね」(p.22)、「おめでとうかぞえうた」(p.80) など

・ふれ合い遊びを楽しみたい時【例】「おかおのかくれんぼ」(p.14)、「あかちゃんおやすみ」(p.62) など

Q2 子ども同士での手遊びを見ていると、リズムが合っていないようで気になります。このような時はどうしたらよいでしょう。

A ２人で遊べる年齢に考慮し、同じ手遊びでも子どもの発達に合わせた手の動きを工夫したり、リズムに慣れるまで１人手遊びにかえたりしていきましょう。

【例】「あくしゅでおはよう」アレンジ欄 (p.41) を参照

Q3 なかなか遊びに興味を持てない子がいますが、手遊びを楽しませるには、どのようにすればよいでしょうか。

A まず、保育者との２人手遊びをどうぞ。大好きな保育者とのふれ合いは、ハートがぽっかぽかになります。保育者が「遊ぼう！」と声をかけ、その子どもとふれ合い手遊びをしてみましょう。

「せんせいまたやって！」とやってくることうけ合いです。ただし無理強いは禁物。

Q4 はじめての歌で遊ぼうとすると、子どもがのってきてくれません。どのような投げかけをしたら、楽しんでもらえるでしょうか。

A 「手遊びをします」というように、いきなりはじめるのではなく、まず興味が持てるようなその手遊びについての、お話をするのもよいでしょう。子どもたちは「なにがはじまるのかな？」と興味津々で注目します。

また、日頃遊んでいる大好きな手遊びを楽しませた後で、「今度は新しい手遊びよ」と言い、保育者が楽しそうに演じてあげるといいでしょう。

Q5 クラスにいろいろな国籍の子がいます、日本語に親しんでもらうにはどのような遊びをするといいでしょうか。また、その親とも遊びでコミュニケーションを取れたらいいなと願っています。

A 日本語が苦手な方にとって、楽しいリズムにのせた手遊びは、ことばの習得に最適です。まず、親子のスキンシップが取れる手遊びを、次に挨拶ことばなど、日常に必要なことばの手遊びを紹介しましょう。

この時、「手遊びを覚えてください」ではなく、「こんな楽しい遊びがありますよ」と、理屈抜きで楽しめるよう配慮してください。

保育者と子どもが楽しんでいる姿を、保護者に見せてあげるのも忘れずに。手遊びと同様に「ハート」を育て、次に日本語のしくみに気づかせていく「ことば遊び」もしてみましょう。

【例】「あいうえおりこうさん」(p.20) など

Q6 うたいながら手を動かすのが苦手な子どもには、どのような指導をしたらいいでしょうか。

A 歌と手が合わなくても大丈夫。まずは自由に楽しませましょう。

手の動きの発達がまだそこまで育っていないのです。無理に教えるのではなく、まずは、ゆっくりとしたリズムで、１対１で遊んであげましょう。

何度も遊んでいるうちに上手になるはずです。年齢や発達に合わせた動きにアレンジするのも必策です。

Q7 すぐに飽きて大騒ぎをしてしまう子がいて、落ち着いて遊ぶことができず困っています。

A 本来、子どもたちは楽しいリズムにのせた手遊びが大好きなはずです。

子どもが落ち着かずにいるのに、いきなり「手遊びをします」と言っては興味が持てませんね。時にはパペットや、身近なぬいぐるみなどを用意するなど、導入の仕方を工夫するようにしましょう。

短時間で終わらせるのもコツです。飽きる前の「もっとやりたい」というあたりで、「またしようね」と声をかけて、やりたい気持ちを次回に残すようにしてみましょう。

Q8 絵本や紙芝居の前は、静かにさせる手遊びをして集中させていますが、いつもワンパターンになってしまっています。どのような工夫をするといいですか。

A そのお話の中に登場してくる小道具を用意したり、人物や動物が出てくる手遊びから動機づけをしてあげましょう。

子どもを集中させ、お話の内容にも興味を持たせることができ、一石二鳥です。

【例】七夕の本…「おほしさまへんしん」(p.28)　など
　　　昆虫の本…「はらぺこあおむしくんのおさんぽ」(p.82)　など

Q9 手遊びを乳児に楽しく伝えるためには、どうしたらよいでしょうか。

A 乳児の手遊びは楽しいリズムにのせて、ふれ合い遊びで心とことばを育てていくのが基本です。１人座りができない乳児は必ず抱っこし、子どもの体にふれて遊んであげましょう。たとえ座れるようになり、１人手遊びができる子どもでも、保育者といっしょに行うことを忘れずに。手遊びを通し、大好きな保育者とスキンシップできることが、乳児にとっては特に大切です。

Q10 模倣ができるようになるのは１歳をすぎてからでしょうか。

A 個人差がありますが、１歳未満児でもリズム感があり、歌や手遊びをよくしてもらっている子どもは、保育者がうたい演じると、同じ動きはできなくてもそれらしく体を動かしたり、できる動作のみを楽しみます。

まねっこができなくても、日々、たくさんの手遊びを演じてあげましょう。心を安定させ、ことばを育てることができるでしょう。

Q11 時間が空いた時や、騒がしい時だけ、場つなぎ的に手遊びをしていますが、それでいいでしょうか。

A それでは残念です。手遊びにはたくさんの効用があります。「手遊びを楽しむ６つのポイント(p. 2)」を参照し、目的に合った手遊びを楽しんでください。

Q12 遊びながら様々な表現やことばがあふれてくる子もいれば、表情が固く、ことばも出にくい子がいます。それぞれにどのように接していくのがいいでしょうか。

A ひとりひとり個性豊かな子どもたち…うたうのが好きな子、気持ちを表現するのが苦手な子など、その子によってことばの育ちは様々です。みんなで遊んでいる時は、できるできないにかかわらず、ひとりひとりの個性を大切にしていきましょう。

基本は、まず手遊びを楽しむこと。それによってやがて心がぽっかぽかになり、自然にことばに気づき、少しずつことばを覚え、楽しめるようになればいいのではないでしょうか。ひとりひとりの成長を、ゆっくり見守ってあげてください。

乳児の場合も「いつか覚えてね」を基本とし、遊んであげましょう。

Q13 勝ち負けを決めるゲームに熱中し、負けると泣き騒いでしまいます。どのようにフォローしてあげたらいいでしょうか。

A ゲームにはルールがあることを知らせ、それを守らないとみんなが楽しくないこと、我慢することでゲームが楽しめることを、根気よく、くり返し伝えていきましょう。

最初はゲームからはずれてしまうこともありますが、「いっしょにやろう」と働きかけ、少しずつゲームのおもしろさを知らせ、集団で遊ぶことを楽しめるようにしていきます。あまり無理強いはせず、じっくり見守っていきましょう。

時には保育者と２人でジャンケン遊びを楽しむ機会を持つといいでしょう。

Q14 ことばの遅れがある特別クラスを担任しています。手遊び指遊びは指導に役立つでしょうか。

A ことばを習得するには、ことばのリズム、響き、体の動きが大切になります。そのため、楽しいリズムと動きを伴う手遊びは、ことばの習得に大変役立ちます。

特に、音のくり返しがたくさん出てくる「くり返しことば」がある手遊びは、無理のない発音をうながし、ことばを覚えていくきっかけにもなります。

また、手拍子を打ち、ことばの音の分解ができる手遊びは、発音の練習にもなりますよ。

【例】「きゅきゅキュウリメロンロン」(p12)、「タコ　タイどっち」(p.32) など

さくいん

遊びを月別に分類してみました。
月間のカリキュラムを立てる際の参考にしてください。

4月	みんなでおはよう	手遊び	１歳～	p.8
	ひげじいさん	手遊び	２歳～	p.16
	あいうえおりこうさん	指遊び	０歳～	p.20
5月	そっくりね	手遊び	０歳～	p.10
	きゅきゅキュウリメロンロン	手遊び	１歳～	p.12
	なんのはながさいた	手遊び	０歳～	p.18
6月	おかおのかくれんぼ	手遊び	０～２歳	p.14
	おてらのおしょうさん	ジャンケン遊び	０歳～	p.24
	あくしゅでおはよう	指遊び	３歳～	p.40
7月	おほしさまへんしん	手遊び	１歳～	p.28
	５ほんばしシューットン	指遊び	０歳～	p.42
	カニさんジャンケン	ジャンケン遊び	２歳～	p.44
8月	ガッタンゴットンしゃしょうさん	手遊び	３歳～	p.30
	タコ　タイどっち	手遊び	２歳～	p.32
	せんたくごっこ	手遊び	４歳～	p.34
9月	おせんべやけたかな	手遊び	１歳～	p.38
	かいぐり	手遊び	０歳～	p.52
	かなづちトントンくぎ１ぽん	指遊び	４歳～	p.58

10月	たまご	手遊び	2歳〜	p.36
	はっぱのへんしん	手遊び	3歳〜	p.48
	さつまいもをほろう	手遊び	0歳〜	p.60
11月	トントンギコギコだいくさん	手遊び	3歳〜	p.50
	いとまき	手遊び	3歳〜	p.54
	どうぶつまねっこ	手遊び	2歳〜	p.56
12月	あかちゃんおやすみ	指遊び	0歳〜	p.62
	グーチョキパーでなにつくろう	指遊び	3歳〜	p.72
	こどもとこどもがけんかして	指遊び	3歳〜	p.76
1月	おもちをどうぞ	手遊び	1歳〜	p.68
	だしてひっこめて	手遊び	3歳〜	p.74
	おめでとうかぞえうた	指遊び	2歳〜	p.80
2月	どうぶつジャンケン	ジャンケン遊び	2歳〜	p.64
	ゆきだるま	手遊び	0歳〜	p.70
	なぞなぞむし	指遊び	4歳〜	p.78
3月	はるですよ　はるですね	手遊び	2歳〜	p.22
	はらぺこあおむしくんのおさんぽ	指遊び	0歳〜	p.82
	くだものジャンケン	ジャンケン遊び	5歳〜	p.84

あとがき

心がはずむとことばもはずむ！「心とことばを大切にする保育とは…」と考えながら、乳幼児と関わり、子どもたちのことばに共感し、教えられ早 30 数年…日々保育を楽しみながら、子どもたちが喜ぶ楽しい遊びを発掘し、またオリジナルの遊びを作って紹介してきました。

この度、長年にわたってご愛用いただいた『おもしろ手遊び指遊び』（鈴木出版 1986 年初版）のリニューアル版の企画をいただいた時に、これまでの集大成となる新たな１冊にしたいと考えました。そのため鈴木出版刊の『おもしろ手遊び指遊び』『室内遊び Best50』『はじめてみよう！ 幼児のことば遊び』の中から、特に子どもたちに人気の遊びを選び、また『ぽっかぽか手遊び・指遊び・ハンカチ遊び』（フレーベル館）、『ことばが育つ！ 楽しい親子遊び』（ＰＨＰ研究所）【いずれも拙著】からも遊びを抜粋してご紹介しました。両社ともに転載をご快諾いただき、感謝申し上げます。

また、今回、著者のたっての願いで、ＣＤをつけることができました。制作にあたっては、鈴木出版編集部の山縣敦子氏と、童謡声楽家として活躍中の土屋朱帆氏、アレンジの達人であるピアニスト石塚幸子氏にお力添えをいただき、より皆様方に愛用していただける１冊となりましたことを、心から感謝申し上げます。

斎藤二三子

Profile

斎藤二三子

幼稚園教諭を経て幼児教育研究家として30数年。
ことば遊び研究会講師、児童文化専門学院、国際学院埼玉短期大学講師、東京成徳短期大学非常勤講師を歴任。教育研修会、実技指導、公開保育、講演活動を通して保護者、保育者の育児指導、教育相談を行っている。

◆主な著書
『おもしろ手遊び指遊び』(鈴木出版)
『室内遊びBest50』(鈴木出版)
『はじめてみよう！ 幼児のことば遊び(3歳児編)』(鈴木出版)
『ぽっかぽか手遊び・指遊び・ハンカチ遊び』(フレーベル館)
『ことばが育つ！ 楽しい親子遊び』(PHP研究所)

初出

● 『おもしろ手遊び指遊び』(鈴木出版)
「ひげじいさん」「おてらのおしょうさん」「ガッタンゴットンしゃしょうさん」「たまご」「おせんべやけたかな」「かいぐり」「いとまき」「かなづちトントンくぎ1ぽん」「あかちゃんおやすみ」「グーチョキパーでなにつくろう」「だしてひっこめて」「こどもとこどもがけんかして」「なぞなぞむし」

● 『室内遊びBest50』(鈴木出版)
「きゅきゅキュウリメロンロン」「あくしゅでおはよう」「どうぶつまねっこ」

● 『はじめてみよう！ 幼児のことば遊び』(鈴木出版)
「タコ タイどっち」「せんたくごっこ」「はっぱのへんしん」

● 『ぽっかぽか手遊び・指遊び・ハンカチ遊び』(フレーベル館)
「みんなでおはよう」「そっくりね」「おかおのかくれんぼ」「はるですよ はるですね」「おほしさまへんしん」「カニさんジャンケン」「トントンギコギコだいくさん」「さつまいもをほろう」「おもちをどうぞ」「ゆきだるま」「おめでとうかぞえうた」

● 『ことばが育つ！ 楽しい親子遊び』(PHP研究所)
「あいうえおりこうさん」「5ほんばしシューットン」「どうぶつジャンケン」「はらぺこあおむしくんのおさんぽ」「くだものジャンケン」

イラストレーター 吉田朋子

東京都在住。子ども向けのイラストの他、見た目にも楽しいお菓子や、ヌイグルミ等を製作。オリジナルコミックやCDも手がける多彩なイラストレーター。
◆ http://www.tomokobo.jp/

カバーデザイン　森近恵子
　　　　　　　　(アルファデザイン)
イラスト　　　　吉田朋子
編集・デザイン・楽譜浄書　山縣敦子

だいすき！ 手遊び指遊び

2011年 2月 7日　初版第1刷発行
2021年 3月15日　初版第5刷発行

著　者　斎藤二三子
発行人　西村保彦
発行所　鈴木出版株式会社
　〒101-0051 東京都千代田区神田神保町 2-3-1
　　岩波書店アネックスビル 5F
　　TEL.03-6272-8001　FAX.03-6272-8016
◆ http://www.suzuki-syuppan.co.jp/
振替　00110-0-34090
印刷所　株式会社ウイル・コーポレーション

Ⓒ F.Saito, Printed in Japan 2011　ISBN978-4-7902-7228-1　C2037
乱丁、落丁本は送料小社負担でお取り替え致します。(定価はカバーに表示してあります)
本文およびCD音源を無断で複写(コピー)、転載することは、著作権法上認められている場合を除き、禁じられています。　日本音楽著作権協会(出)許諾第1015245-105号

付録CD　だいすき！手遊び指遊び

歌／土屋朱帆　伴奏・編曲／石塚幸子　声／斎藤二三子

1 みんなでおはよう（1分33秒）

2 そっくりね（1分16秒）

3 きゅきゅキュウリメロンロン（1分19秒）

4 おかおのかくれんぼ（1分19秒）

5 ひげじいさん（1分3秒）

6 なんのはながさいた（1分17秒）

7 はるですよ　はるですね（1分21秒）

8 おほしさまへんしん（1分10秒）

9 ガッタンゴットンしゃしょうさん（1分15秒）

10 タコ　タイどっち（1分14秒）

11 せんたくごっこ（1分14秒）

12 たまご（1分38秒）

13 はっぱのへんしん（1分20秒）

14 トントンギコギコだいくさん（1分22秒）

15 さつまいもをほろう（1分38秒）

16 おもちをどうぞ（1分44秒）

17 ゆきだるま（1分20秒）

18 おめでとうかぞえうた（1分14秒）

Total 24分17秒

（収録／Studio Leda　レコーディングエンジニア／水谷勇紀）

土屋朱帆
（つちやしゅほ）

2004年国立音楽大学声楽学科卒業。
2006年淑徳幼児教育専門学校卒業、卒業時に
特別賞受賞。第19回全国童謡歌唱コンクール
金賞及び寛仁親王牌受賞、他、受賞経歴多数。
保育園やスクールコンサート、福祉施設コンサート、
音楽教養講座への出演の他、テレビ・ラジオでも活躍。
元東京成徳短期大学講師。

http://www007.upp.so-net.ne.jp/shuho-t/

石塚幸子
（いしつかさちこ）

4歳よりピアノをはじめる。
東京音楽大学付属高等学校、同大学ピアノ科卒業。
同大学大学院修士課程修了。
オペラ、歌曲、童謡など、声楽伴奏を中心に
演奏活動をする傍ら、戸田公園駅前さくらそう保育園、
戸田駅前さくらそう保育園のリトミック講師として
園児の指導にあたっている。
また、NPO法人童謡館東京において
専属ピアニストを務める。

Blog：http://sachocolate.dtiblog.com/